新 经 济 浪 潮 系 列

银发经济

中国式养老的商业化突围

倪赤丹　编著

化学工业出版社

·北京·

内 容 简 介

我国老龄化进程加速，银发经济成为社会关注焦点与经济新增长点。《银发经济：中国式养老的商业化突围》一书，立足时代背景，以“认知重构—路径创新—实践突破”为主线，探索中国式养老商业化突围之路。

全书分为三部分：第一部分从全球视角审视银发经济，剖析中国养老模式困境与需求，重新定义银发经济内涵与边界；第二部分聚焦商业化突围要素，从商业模式、技术赋能、政策资本到人才组织，系统梳理发展动能，探讨生态化发展路径；第三部分深入医疗健康、智慧养老等细分赛道，以鲜活案例展现银发经济商业化实践，为企业、创业者及政策制定者提供可借鉴的思路。

本书面向养老行业从业者、创业者、投资者，以及关注老龄化问题的政策制定者、研究者，提供实践指导与决策参考。本书兼具理论深度与实践指导意义，是关注老龄化议题者的必读之作。

图书在版编目（CIP）数据

银发经济 ：中国式养老的商业化突围 / 倪赤丹编著.
北京 ：化学工业出版社，2025. 10. --（新经济浪潮系列）. -- ISBN 978-7-122-48863-3

I. F126. 1；F726. 99

中国国家版本馆CIP数据核字第2025FU9791号

责任编辑：陈　蕾
责任校对：宋　玮
装帧设计：溢思视觉设计 E-mail: isstudio@126.com /程超

出版发行：化学工业出版社（北京市东城区青年湖南街 13 号　邮政编码 100011）
印　　装：三河市双峰印刷装订有限公司
710mm × 1000mm　1/16　印张 15　字数 247 千字　2025 年 11 月北京第 1 版第 1 次印刷

购书咨询：010-64518888　　售后服务：010-64518899
网　　址：http://www.cip.com.cn
凡购买本书，如有缺损质量问题，本社销售中心负责调换。

定　　价：78.00 元

前言

我国正以前所未有的速度步入深度老龄化社会。银发群体不仅成为社会结构的重要组成部分，更催生出规模庞大、潜力无限的银发经济新蓝海。这一浪潮既承载着亿万家庭对品质养老生活的殷切期盼，也为经济高质量发展开辟了全新赛道。如何实现中国式养老的商业化突围，已成为关乎民生福祉与经济转型的时代课题。

本书立足当下、着眼未来，试图在老龄化挑战与商业机遇交织的复杂图景中，勾勒出一条具有中国特色的银发经济发展路径。全书以“认知重构—路径创新—实践突破”为逻辑主线层层递进，剖析银发经济的发展脉络。

第 1 部分从全球视角切入，纵览银发经济的发展态势，深入剖析中国式养老面临的模式困境与真实需求，挖掘银发经济在社会价值与经济价值层面的双重意义。力求打破人们的固有认知，重新定义银发经济的内涵与边界。

第 2 部分聚焦商业化突围的核心要素，从商业模式革新、技术赋能路径、政策资本助力到人才组织变革，系统梳理银发经济发展的关键动能。探讨如何从单一服务向生态化发展跨越，以技术创新与制度创新驱动行业升级。

第 3 部分将目光投向医疗健康、智慧养老、文旅康养、金融创新等细分赛道，通过鲜活的案例与深入的分析，展现银发经济商业化落地的实践，为企业、创业者与政策制定者提供思路与方法。

中国式养老的商业化突围，绝非简单的市场扩张，而是一场关乎社会公平、产业升级与代际和谐的深刻变革。希望本书能为所有关注银发经济的读者提供启发。愿我们共同携手，在这片充满希望的蓝海中，书写中国式养老的崭新篇章，让每一位老年人都能拥有健康与幸福的晚年生活。

编著者

目录

第 1 部分

认知重构——解码银发经济新生态

第 2 部分

路径创新——构建商业化突围矩阵

第 1 部分

认知重构——解码银发经济新生态

第1章 全球人口变化态势：银发经济发展全景

学习目标

随着全球人口平均寿命的延长和老年人比例的持续上升，银发经济已成为众多国家和地区经济增长的新引擎。中国作为拥有超过14亿人口的国家，老龄化速度尤为迅猛。根据人口变化趋势，未来一段时间我国人口老龄化程度还将深化。

1.1 趋势与规模：老龄化程度与银发经济格局

近年来，全球的人口老龄化趋势日益显著，不仅改变了社会结构，也为银发经济带来了前所未有的发展机遇。银发经济，即应对人口老龄化挑战的重要经济形态，正逐步成为推动全球经济增长的新动力。

1.1.1 全球老龄化趋势

1.1.1.1 老龄化程度的划分

按照联合国老龄化程度的划分标准，一个国家60岁以上人口占总人口比重超过10%或65岁以上人口比重超过7%，表示进入轻度老龄化社会；60岁以上人口占总人口比重超过20%或65岁以上人口比重超过14%，表示进入中度老龄化社会；60岁以上人口占总人口比重超过30%或65岁以上人口比重超过

21%，表示进入重度老龄化社会，如图 1-1 所示。

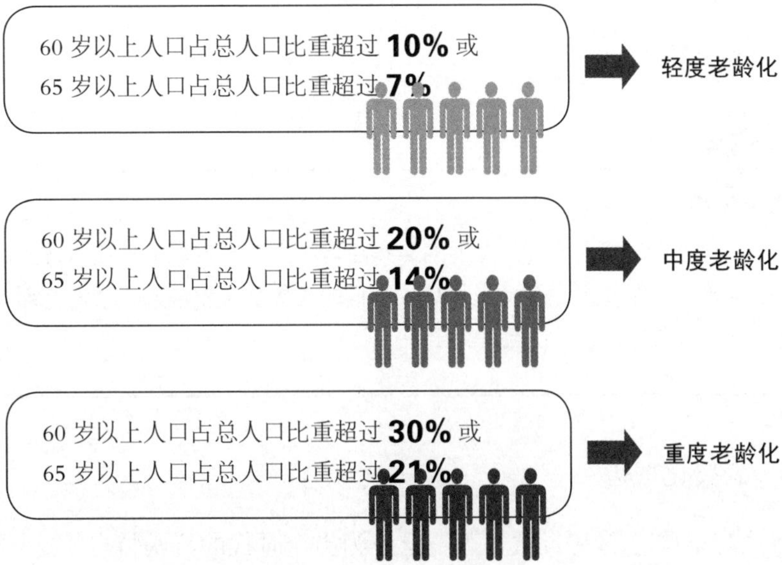

图 1-1　老龄化的划分标准

1.1.1.2　老龄化现状

根据联合国人口司 2025 年 3 月最新发布的数据，全球 65 岁以上人口已突破 8.5 亿，占总人口的 10.7%，预计到 2030 年将达到 12.5%。

目前，人口老龄化正以前所未有的速度重塑全球社会结构。人口老龄化问题已经在全球多国出现。

（1）美国。美国早在 20 世纪中期就已进入人口老龄化时代。1950 年，美国 60 岁以上人口占比为 12.4%，65 岁以上人口占比达 8.1%。2024 年，美国 65 岁以上人口占比已达 17% ～ 18%，老龄化人口高达 5604 万人。

（2）日本。日本的老龄化问题日益严峻。1970 年日本步入老龄化社会，如今已是超老龄社会。截至 2024 年，日本 65 岁及以上的人口占比高达 29%，其中 75 岁以上的人口占比为 17%，80 岁以上人口占比达 10%。同时，人均预期寿命也攀升至 84.5 岁，百岁老人的数量接近 10 万。

（3）中国。我国是世界上老年人口数量最多的国家，也是老龄化速度较快的国家之一，目前已进入中度老龄化社会。截至 2024 年底，我国 60 岁及以上人口首次突破 3 亿（达到 3.1 亿人），占全国人口的 22%，其中，65 岁及以上老年人口为2.2亿，占全国人口的15.6%。来自民政部的信息显示，未来10年内，我国60岁及以上的老年人口每年净增将超过1000万。这也意味着，到2035年我国老年人口数量将超过4亿。

微视角

人口老龄化是人类社会发展的必然趋势，经济越发展、社会越进步、民生越改善、医疗卫生服务越优良，人们的健康状况就越好，生命周期就越长，人口老龄化的程度就越突出。

1.1.1.3 老龄化成因

全球人口老龄化趋势日益显著，已成为当今时代的鲜明特点。这一现象主要由人口生育率下降和预期寿命延长两大关键因素驱动，具体如图1-2所示。

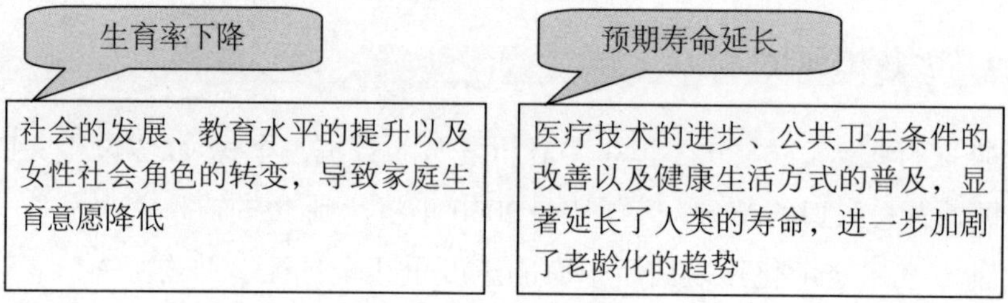

图1-2 老龄化成因

1.1.1.4 老龄化趋势

人口老龄化问题正在全球加速蔓延。联合国发布的《2024年世界人口展望》报告指出，到21世纪70年代末，65岁及以上的人口数量将超过18岁以下人口的数量。

根据联合国经济和社会事务部的预测，全球65岁以上老年人在总人口中的占比可能由2000年的6.8%上升至2040年的14.3%，世界将步入中度老龄化阶段；2050年可能上升到16.3%，21世纪下半叶中后期可能达到21%，世界将步入重度老龄化阶段。其中，亚洲将成为老年人口最多的区域之一。

1.1.1.5　老龄化带来的挑战

人口老龄化对全球经济带来的挑战，主要包括图 1-3 所示的几个方面。

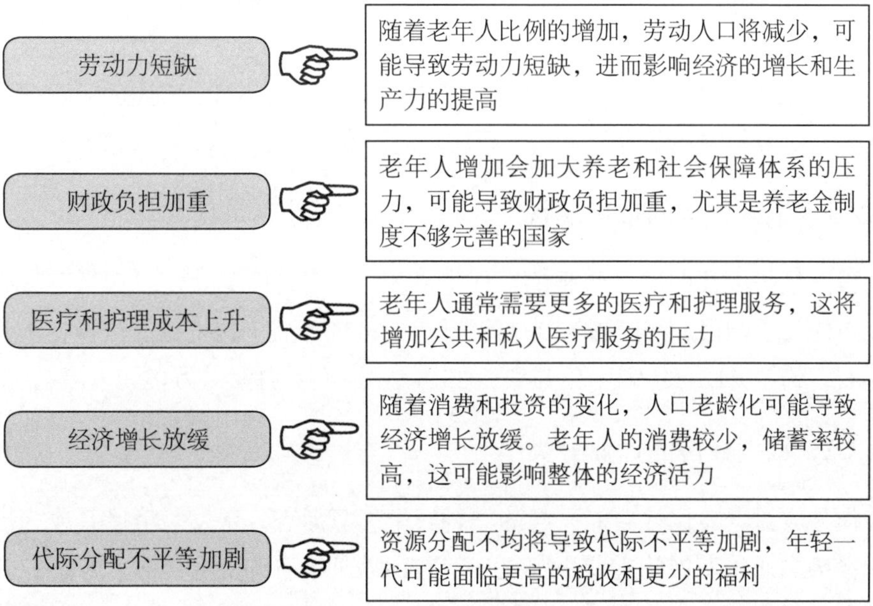

图 1-3　老龄化带来的挑战

1.1.1.6　老龄化带来的机遇

老龄化问题在带来挑战的同时，也会带来许多机遇，具体如图 1-4 所示。

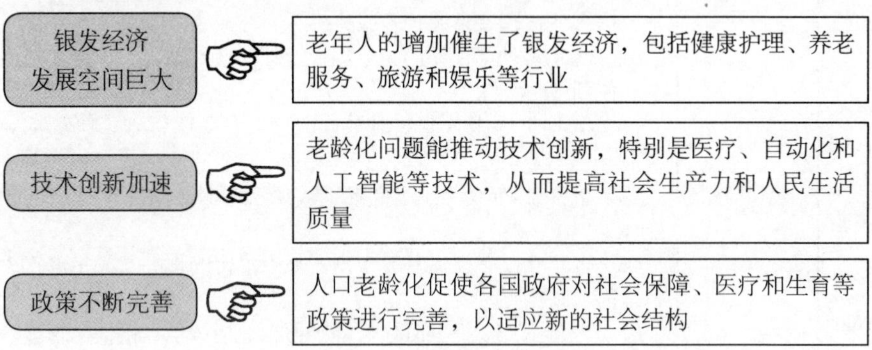

图 1-4　老龄化带来的机遇

1.1.2 银发经济规模

银发经济的概念起源于日本，后来欧美和其他亚洲国家也陆续提出。我国在 2019 年提出银发经济的概念，在 2020 年提出要发展银发经济。2024 年 1 月国务院印发的《关于发展银发经济增进老年人福祉的意见》，是首个以银发经济命名的政策文件，对银发经济做出了明确定义：向老年人提供产品或服务，以及为老龄阶段做准备等一系列经济活动的总和。

1.1.2.1 银发经济的市场现状

银发经济涉及面广、产业链长、业态多元、潜力巨大。复旦大学老龄研究院发布的《中国银发经济报告 2024》显示：2024 年我国银发经济规模在 7 万亿元左右，约占 GDP 的 6%；预计到 2035 年，规模有望达 30 万亿元，潜力巨大。

1.1.2.2 银发经济的产业分类

作为应对老龄化社会而兴起的一种新型经济形态，银发经济已经成为推动我国经济高质量发展的重要引擎之一，它涵盖了传统的养老、医疗等行业，并延伸至老年金融、文化娱乐、智慧养老等多个领域。银发经济可以分为表 1–1 所示的三个主要产业：本位产业、相关产业和衍生产业。

表 1–1 银发经济的产业分类

序号	分类	具体说明
1	本位产业	（1）养老设施和机构：包括养老院、老年公寓、日间照料中心等，主要提供住宿和日常照护等服务 （2）老年房地产：专门为老年人设计的住宅项目，注重无障碍设计和便利性 （3）老年护理服务业：提供日常护理、健康管理、康复指导等服务 （4）老年服饰：设计适合老年人穿着的服装，注重舒适度和功能性 （5）老年食品：提供营养丰富、易于消化的食品，满足老年人的特殊需求 （6）老年医疗：提供医疗保健服务，包括体检、慢性病管理、急救服务等

续表

序号	分类	具体说明
2	相关产业	（1）包括专业家具、专业设施、专业易耗品等产业，如适老化家具、医疗设备、日常用品等 （2）包括护理人员培训、劳务派遣、老年人护理用品、治疗和康复器械等产业 （3）包括娱乐、学习、旅游、医疗保健、营养保健、心理咨询等多样化的服务，满足老年人的精神需求，提高老年人的生活质量
3	衍生产业	（1）老年投资理财产品：提供适合老年人的理财产品，保障其财务安全 （2）老年金融产品：提供倒按揭等金融产品，帮助老年人利用房产进行资金规划 （3）资本市场产品：包括寿险产品、长期护理保险产品、老年融资产品等，通过提供多样化的保险和融资服务，保障老年人的生活和健康

微视角

各产业之间相互补充，形成经济效益和社会效益的良性循环，共同促进银发经济的健康发展。

1.1.2.3　银发经济的市场需求

银发经济的本质是“需求分层”——从基础生理需求到健康生活需求再到情感满足需求，形成金字塔式的消费结构，具体如图 1-5 所示。

随着老年人口的增加、老年人消费能力的提升和消费观念的转变，银发经济的市场需求日益多样化、个性化，具体如图 1-6 所示。

预计到 2035 年前后，我国步入超老龄社会，60 岁及以上的老年人口预计可达 4.2 亿，占总人口的 30% 有余。届时，我们的社会将从“以年轻人为中心”转为“以老年人为中心”，老年人的需求成为市场发展的主导因素之一。

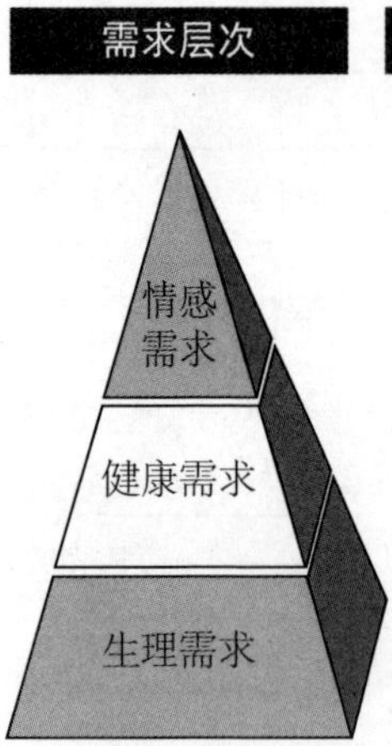

年龄范围	核心诉求	消费倾向
45～59岁：尚未退休或刚退休，比较有活力	文娱	服装、鞋帽以及旅游、娱乐等产品
60～69岁：年龄接近中国平均健康寿命，可能有慢性病，但不影响生活	生活	日常消费品、中老年保健品
70～79岁：年龄接近中国平均预期寿命，慢性病可能对生活带来影响	健康	营养保健品、康养服务
80岁以上：长寿人群，有许多失能/半失能人口	护理	药品、营养保健品、上门服务、养老服务

图 1-5　银发经济的需求分层

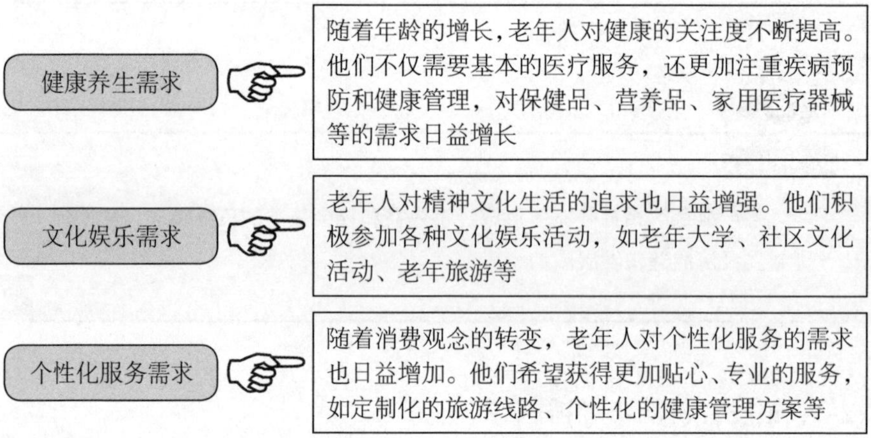

图 1-6　银发经济的市场需求

1.1.2.4　银发经济的产业图谱

有数据显示，2025 年我国银发经济规模将突破 10 万亿元，其中，养老服务、健康医疗、老年用品三大领域直接带动就业人数超 3000 万。政策与市场的双轮驱动，正将“夕阳人群”转化为“朝阳产业”。

如今，银发经济已渗透到多个行业。从医疗健康到智能科技，从文旅消费到金融创新，银发经济正在重构市场结构，创造了一个与人们生活密切相关，涵盖多维度、多层级、多领域，蕴藏丰富机会的巨大市场。银发经济的产业图

谱如图 1-7 所示。

健康医疗产业	智慧医疗、康复器具、中医药保健、慢性病管理等
智能养老产业	智能化硬件、服务机器人、智慧养老平台等
文娱旅游产业	定制化旅行、社交娱乐、老年教育等
老年用品产业	功能性食品、适老化家居、智能服饰等
养老服务产业	社区嵌入式养老、高端养老社区、居家护理服务等
金融保险产业	专属理财、反向抵押养老保险、健康险等
适老化改造产业	公共设施改造、家庭适老化装修、智慧社区建设、老年人交通工具等

图 1-7　银发经济的产业图谱

相关链接

银发经济的七大潜力产业

银发经济覆盖面广，但现阶段相关产业主要集中在餐饮、护理、保健等基础养老领域。而老年人多元化、差异化、个性化的需求变得越来越旺盛，尚未得到有效满足，其中蕴含着巨大的发展潜力。针对这种情况，国务院办公厅发布了《关于发展银发经济增进老年人福祉的意见》，结合供给端的发展基础，根据老龄群体和备老人群的需求特征，重点谋划了七大潜力产业。

1. 适老化改造

空间友好是居家和社区养老的前提条件和必要保障。适老化改造是老龄群体的基础性需求，多次被养老政策与文件提及，该产业需进一步发展与完善，为老年人打造无障碍的居住空间。

2. 老年用品

当前，老年产品多为日常生活用品，创新性科技产品尚不成熟。从供给方来看，生产老年生活用品成本较高，且利润较低，产品研发创新、品牌培育和市场开拓等方面存在不足。这就造成老年生活用品种类少、档次较低、缺乏针对性。因此该产业需进一步发展，推出越来越多的老年创新科技产品。

3. 康复辅助器具

康复辅助器具市场前景广阔，需进一步打通上中下游产业链，强化产品研究与开发，做好营销与售后工作，为老年人打造科技化、个性化和智能化的康复辅助器具。

4. 智慧养老

《智慧健康养老产业发展行动（2021～2025)》等政策围绕智慧健康养老的应用场景进行顶层规划，为智慧养老产业的发展提供了明晰的指引。未来需强化信息技术支撑，提升产品供给能力，进一步丰富智慧养老服务。

5. 养老金融

目前公众的养老意识依旧不足。随着中国人均预期寿命的提升，需大力发展养老金融的第二、第三支柱产业，进一步升级“幸福 +”老年服务体系，构建“金融 + 六大服务板块”的老年金融服务品牌。

6. 老年旅游

老年人的消费理念不断转变，旅游成了他们退休生活的重要内容。老年旅游不仅可以促进老年人的身心健康，同时也丰富了老年群体的社交渠道。

7. 抗衰老产业

近年来，中国抗衰老需求逐渐增多，80.2% 的人在 35 岁前就已经开始使用抗衰老产品。在市场需求的驱动下，需要找准细分赛道，获得核心资源，实现产业落地。

1.2 结构特征：中国人口老龄化的独特表现

中国拥有超过 14 亿的人口，老龄化进程具有鲜明的特征，不仅影响着社会的各个层面，也对银发经济的发展产生了深远影响。

1.2.1　速度之快，前所未有

1.2.1.1　老龄化进程快的原因

中国从成年型社会过渡到老龄型社会，仅用了几十年的时间，而这一过程在西方国家则经历了数百年。中国老龄化进程快，主要是因为医疗卫生条件改善、生活水平提高以及人口生育率下降，具体如图 1-8 所示。

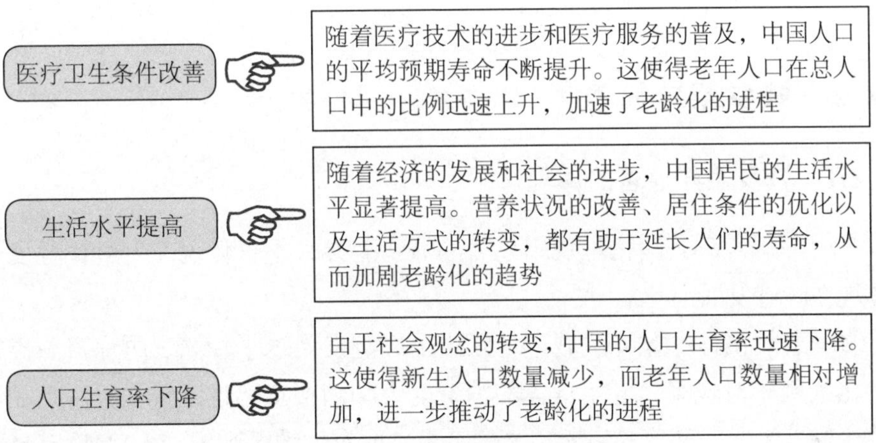

图 1-8　老龄化进程快的原因

1.2.1.2　老龄化进程快带来的挑战

快速的老龄化进程给社会发展带来了巨大挑战，具体如图 1-9 所示。

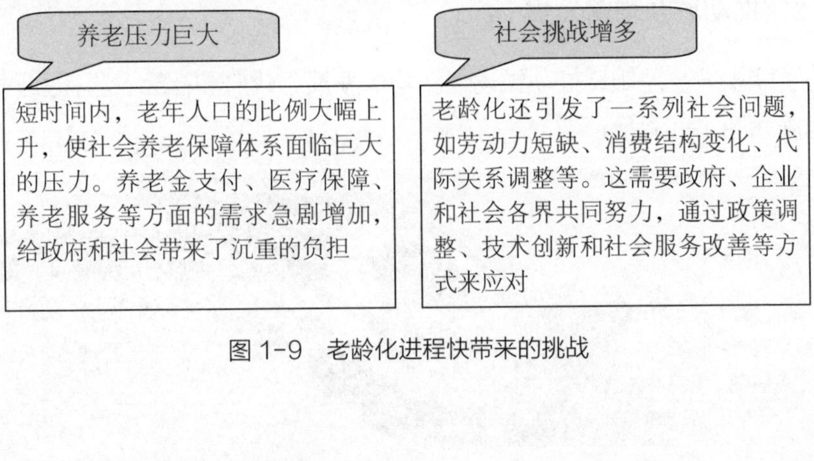

图 1-9　老龄化进程快带来的挑战

1.2.1.3 老龄化进程快带来的机遇

尽管人口老龄化带来了诸多挑战，但也为银发经济提供了无限的发展空间。庞大的老年人口数量意味着对各类老年产品和服务的需求十分旺盛。从老年食品、保健品到养老服务、老年旅游等领域，都蕴含着巨大的商机。

以老年保健品市场为例，随着老年人对健康的关注度不断提高，各类营养补充剂、功能性食品的市场需求持续增长。

1.2.2 城乡差异显著

1.2.2.1 城乡差异显著的体现

在中国，人口老龄化呈现出显著的城乡差异，不仅体现在老龄化程度上，还体现在区域发展上。

（1）老龄化程度差异。城市地区由于经济发展水平较高、医疗资源丰富，老龄化程度相对较高，老年群体的消费能力和消费意愿也比较强，对高品质、个性化的养老服务和产品有着更高的需求。而农村地区则由于人口外流、经济发展滞后等原因，人口老龄化更为突出，但养老服务和产品供给却相对不足。

（2）区域发展不平衡。城乡差异导致了银发经济区域发展不平衡。城市地区银发经济发展较为成熟，形成了相对完善的养老服务体系和产品供给链。而农村地区则由于基础设施薄弱、服务网络不健全等原因，导致银发经济发展相对滞后。

1.2.2.2 推动城乡均衡发展

为了缩小城乡差距，推动银发经济均衡发展，政府和社会各界需共同努力，具体措施如图 1–10 所示。

图 1–10 推动城乡均衡发展的措施

1.2.3　家庭结构变化深刻

1.2.3.1　家庭结构变化的体现

随着生育政策的调整和社会经济的发展，中国的家庭结构发生了深刻变化。这种变化不仅改变了老年人的养老方式，也对银发经济的发展产生了重要影响，具体如图 1−11 所示。

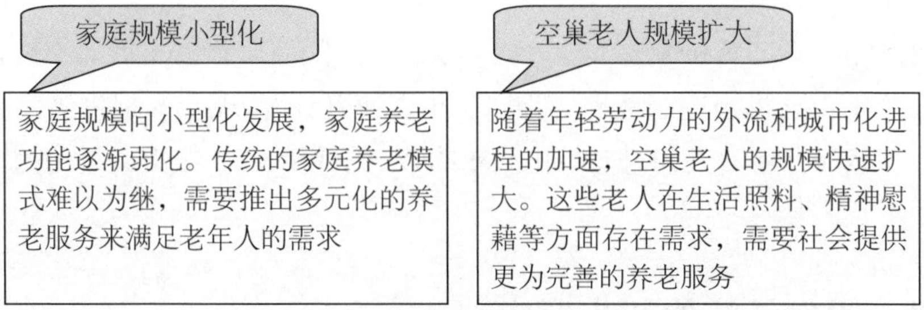

图 1−11　家庭结构变化的体现

1.2.3.2　多元化的养老服务体系

为了满足老年人的需求，需要构建多元化的养老服务体系。除了家庭养老外，机构养老、社区养老、居家养老等多种模式也应大力推广，具体如图 1−12 所示。

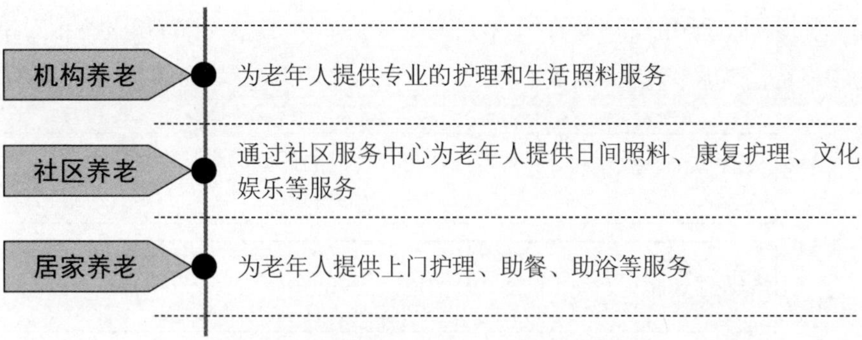

图 1−12　多元化的养老服务体系

1.2.3.3　家庭结构变化带来的机遇

家庭结构的变化也为银发经济中的养老服务、家政服务等提供了广阔的发展空间。养老服务机构需不断提高服务质量，满足老年人多样化的需求；家政服务公司也可以开展针对老年人的专项服务，如老年护理、康复辅助等。

同时，一些科技企业也可以开发适合老年人的智能产品，如智能健康监测设备、智能养老机器人等，提高老年人的生活质量。

1.3 概念界定：银发经济的内涵与外延

银发经济的定义和边界并非一成不变，而是随着时代的发展而不断拓展和深化。传统观念将银发经济理解为“老年产业”，即为老年人提供产品和服务的产业。然而，随着人们对老龄化问题的认识不断加深，银发经济的内涵和外延也在不断扩展。

1.3.1 银发经济的初步形成

银发经济成为一种新兴且重要的经济形态，主要源于全球范围内人口老龄化的加剧。随着医疗技术的进步、生活水平的提高以及生育率的下降，老年人口的比例不断上升，形成了一个庞大的消费群体，不仅催生了独特的消费需求，还蕴含着巨大的市场潜力。

在银发经济形成的初始阶段，人们主要关注老年人的基本生活需求，涉及食品、服装、护理用品等市场，具体如图 1-13 所示。这些产品和服务相对单一，但为银发经济的后续发展奠定了基础。

1. 老年食品率先兴起，针对老年人身体特点的低糖、低脂、高纤维食品广受欢迎
2. 老年服装也逐渐注重舒适性和实用性，满足老年人日常穿着需求
3. 老年护理用品如助听器、老花镜、拐杖等也呈现出快速增长的态势

图 1-13　银发经济的初步形成阶段

随着市场的逐渐成熟，企业开始认识到老年群体的多样性和复杂性，他们

不仅关注产品的实用性，还注重产品的品质、品牌和服务。这促使企业不断创新，提升产品和服务质量，以满足老年人的多样化需求。

1.3.2　银发经济边界的拓展

随着全球范围内人口老龄化的加速，老年群体的消费能力和消费意愿也逐渐增强，银发经济的边界也在不断扩展。

1.3.2.1　深度挖掘老年人的潜在需求

如今，老年群体的消费观念逐渐向品质化、多元化转变。他们不再满足于基本的生活需求，而是追求更高品质、更个性化的产品和服务。

（1）在健康医疗领域，老年人对健康管理、疾病预防和康复护理的需求不断增加。这促使企业推出更多健康监测设备，如智能手环、血压计等，帮助老年人实时了解自己的身体状况。同时，医疗服务市场也逐渐兴起，包括远程医疗、家庭医生、康复中心等，可为老年人提供更加便捷、高效的医疗服务。

（2）在精神文化领域，老年人对文化娱乐、教育培训的需求也日益增多。老年旅游市场蓬勃发展，老年人通过旅游来丰富自己的精神生活，拓宽自己的视野。老年教育市场也逐渐壮大，各种老年大学、培训班如雨后春笋般涌现，为老年人提供学习新知识、结交新朋友的机会。

1.3.2.2　与其他产业融合发展

银发经济边界的拓展也体现在与其他产业的融合发展上，它们共同形成了新的业态和商业模式。

比如，将老年医疗与养老服务结合，形成健康养老一体化的服务模式，将医疗服务与养老服务结合，为老年人提供全方位、连续的健康养老服务；将老年教育与文化娱乐结合，为老年人提供更加丰富的精神文化生活。

这些融合不仅丰富了银发经济的内涵，也为其带来了更广阔的发展空间。

1.3.3　银发经济的不断深化

银发经济的不断深化体现在图 1-14 所示的几个方面。

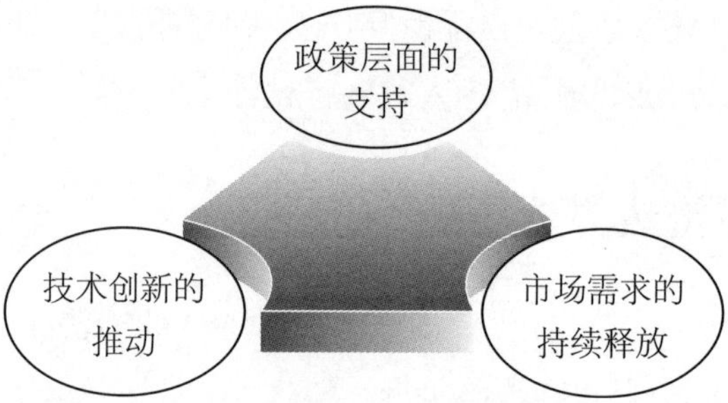

图 1-14　银发经济的不断深化

1.3.3.1　政策层面的支持

近年来，各地政府纷纷出台相关政策，鼓励和支持银发经济的发展。例如，提供税收优惠、资金扶持、土地供应等，降低企业进入银发经济市场的门槛。同时，加强对银发经济市场的监管，保障老年人的合法权益。

1.3.3.2　技术创新的推动

随着物联网、大数据、人工智能等技术的快速提升，银发经济也迎来了新的发展机遇。将这些技术应用于老年人健康管理、智能家居、远程医疗等领域，可为老年人提供更加便捷、高效的服务。

比如，通过物联网技术，可以实现对老年人家居设备的智能化控制，提高生活的便利性；通过大数据技术，可以分析老年人的消费习惯和健康需求，为企业提供精准的市场定位和产品创新方向。

1.3.3.3　市场需求的持续释放

随着老年人口比例的不断上升和消费能力的增强，银发经济的市场需求将持续释放。老年人对高品质、个性化产品和服务的需求将不断增加，这将促使企业不断加大投入，创新产品和服务，以满足老年人的多样化需求。同时，随着老年群体的不断扩大，银发经济市场的竞争也将日益激烈，这将进一步推动银发经济的深度发展。

1.3.4　全生命周期服务的理念

在银发经济不断深化的过程中，全生命周期服务理念逐渐形成。全生命周期服务强调以老年人为中心，为其提供方方面面的服务，包括健康医疗、精神文化、社交娱乐、经济保障等多个领域，具体如表 1–2 所示。

表 1–2　银发经济的全生命周期服务领域

序号	服务领域	具体说明
1	健康医疗	全生命周期服务为老年人提供从疾病预防、健康管理到康复护理的全方位服务。通过定期的健康检查、个性化的健康计划和专业的康复指导，帮助老年人保持健康，提高生活质量
2	精神文化	全生命周期服务为老年人提供丰富多彩的文化娱乐活动和学习机会。比如，组织老年人开展文艺演出、书法绘画展览、旅游观光等活动，丰富老年人的精神文化生活。同时，开设老年大学、培训班，满足老年人学习新知识、结交新朋友的需求
3	社交娱乐	全生命周期服务为老年人提供社交平台和娱乐设施。比如，建设老年活动中心、社区广场等公共场所，为老年人提供交流、娱乐的平台。同时，开发适合老年人的社交软件和游戏，帮助老年人与社会保持联系，缓解孤独感
4	经济保障	全生命周期服务为老年人提供养老金、医疗保险等经济保障。通过建立完善的社会保障体系，确保老年人的晚年生活无忧。同时，鼓励金融机构开发适合老年人的理财产品，帮助老年人实现资产的保值与增值

1.3.5　银发经济的未来发展

随着人口老龄化的进一步加剧和消费需求的持续升级，银发经济的市场规模将不断扩大。同时，技术创新和政策支持也将为银发经济的发展提供有力保障。

未来，银发经济将更加注重个性化、品质化和智能化，为老年人提供多样化的产品和服务。

比如，通过定制服务，为老年人提供个性化的健康管理方案、旅游路线等；注重品质化服务，提高产品和服务的质量和档次，满足老年人对高品质生活的追求；利用物联网、大数据等技术，为老年人提供更加便捷、高效的服务。

政府将出台更多支持政策，为银发经济的发展创造良好的环境。

比如，加大对银发经济产业的资金投入，支持企业开展技术创新和产品研发；完善相关法律法规，保障老年人的合法权益；加强市场监管，规范银发经济的市场秩序。

技术创新将不断推动银发经济与其他产业深度融合，形成更加多元化、个性化的服务体系。

比如，银发经济与智能家居、远程医疗、在线教育等产业融合，将为老年人提供更加智能、健康的生活方式；银发经济与旅游、文化、体育等产业融合，将为老年人提供更加丰富多彩的精神文化生活。

此外，银发经济将更加注重可持续发展。在追求经济效益的同时，企业也不能忽视社会责任和环境保护。

比如，开发环保型老年产品，减少对环境的污染；开展公益活动，关注老年人的生活状况和需求；推动银发经济与其他产业协同发展，实现资源共享和优势互补。

相关链接

银发经济的发展方向

未来，银发经济预计会朝着如下几个方向发展。

1. 标准化

在银发经济中，标准化是确保产品和服务质量的关键。随着老年人口的不断增加，他们对产品和服务的需求也日益多样化。为了确保老年人能够获得高质量的产品和服务，必须建立一套完善的标准体系，包括产品安全标准、服务流程标准、健康管理标准等。

比如，在银发制造业中，可以针对老年人用品制定功能性、安全性和易用性标准；在银发健康服务业中，可以针对老年人健康管理建立标准化的流程，包括健康监测、疾病预防、康复护理等方面。

通过标准化管理，可以确保老年人获得安全、可靠、高效的产品和服务，提升他们的生活质量和幸福感。

2. 品牌化

品牌化是银发经济发展的重要方向之一。在激烈的市场竞争中，拥有独特产品和品牌更容易获得消费者的认可和信赖。银发经济领域的企业应该注重品牌建设，通过研发创新、服务优化等方式打造具有核心竞争力的品牌。

比如，可以针对老年人的特定需求开发专属产品，如智能健康监测设备、适老化家具等；同时，还可以为老年人提供个性化的健康管理、康复护理等服务。

通过不断提升品牌知名度和美誉度，可以吸引更多的老年消费者，实现企业的可持续发展。

3. 规模化

规模化是银发经济未来发展的必然趋势。随着老年人口规模的不断扩大和银发经济的不断发展，企业需要不断拓展以满足市场需求，包括扩大生产规模、增加服务网点、提升运营效率等方面。通过规模化发展，企业可以降低运营成本，提高市场竞争力，实现规模效益。

比如，银发健康服务业可以通过连锁经营、品牌建设等方式实现规模化发展；银发制造业则可以通过技术创新、产业升级等方式提升生产效率和产品质量。

4. 集群化

集群化是银发经济发展的重要途径之一。通过要素聚集和产业园区建设，可以形成银发经济产业链和生态圈，促进产业协同发展。在产业园区，会有大量的银发经济相关企业和服务机构，可以形成完整的产业链条和配套服务体系。同时，各地政府还可以提供政策法规、技术创新、人才引进等方面的支持，推动银发经济产业的创新和发展。

比如，可以建设银发经济产业园区，吸引相关的研发机构、生产企业、服务机构等入驻；同时，还可以推动产学研用合作，加强技术创新和成果转化。

5. 精细化

精细化也是银发经济发展的重要方向之一。在银发经济市场中，消费者的需求日益多样化和个性化。因此，企业需要选准赛道，针对老年人的特定需求进行精耕细作。

比如，在银发健康服务业中，可以针对老年人的慢性病、心理健康等方面提供精细化服务；在银发制造业中，则可以针对老年人的家居生活、出行安全等方面开发精细化产品。

通过精细化发展，可以更好地满足老年人的需求，提升他们的生活质量。

6. 智能化

智能化是银发经济发展的重要驱动力之一。随着大数据、互联网、人工智能等技术的不断发展，银发经济也在逐步向智能化转型。

比如，在银发健康服务业中，可以利用大数据和人工智能技术为老年人提供精准的健康管理服务；在银发制造业中，可以利用智能制造技术提升生产效率和产品质量。同时，可穿戴的智能设备也为老年人提供了更加便捷的健康监测和管理手段。

通过智能化发展，可以为老年人提供更加智能、便捷、高效的银发产品和服务。

7. 融合化

融合化是银发经济发展的新趋势之一。随着生活水平的提高和消费观念的转变，老年人对医疗康养、文化旅游等方面的需求也日益增加。因此，银发经济领域的企业可以积极探索跨界融合发展的新路径。

比如，可以将文化旅游与养老服务相结合，为老年人提供更加丰富多样的文化旅游体验。

通过跨界融合发展，可满足老年人多样化的需求，提升他们的生活质量。

8. 法治化

法治化是银发经济健康发展的保障。随着银发经济的不断发展，市场上也出现了一些不规范的经营行为。因此，需要加强法治建设，规范市场秩序。一方面，需要完善相关法律法规和政策体系，明确银发经济中企业的责任和义务；另一方面，需要加强行业监管力度，打击非法经营和欺诈行为。同时，还需要加强消费者的权益保护意识，提高他们的维权能力。

通过法治化建设，可以保障银发经济健康有序发展，为老年人提供更加安全、可靠、优质的银发产品和服务。

第 2 章
养老模式的困境与变革：中国养老现状

学习目标

中国养老正处在变革的阶段。传统养老模式面临着功能弱化、供需失衡等困境；而现代养老的需求呈现多元化层级，政策虽积极引导，市场却存在空白。因此，解码新生态，探寻破局之道，是银发经济发展的关键。

2.1　养老困局：传统养老模式的瓶颈

传统养老模式主要包括家庭养老和机构养老，随着社会的发展，它们面临着不同的困境，不仅影响了老年人的生活质量，也对整个社会的养老保障体系带来了挑战。

2.1.1　家庭养老功能弱化

受中国传统文化的影响，家庭养老一直占据主导地位，子女赡养老人是天经地义的事情。然而，随着时代的变迁，家庭养老的功能正逐渐弱化。

2.1.1.1　家庭结构变化

生育政策的调整使家庭规模不断缩小，“4-2-1”家庭模式（即四个老人、一对夫妻、一个孩子）成为普遍现象。在这种结构下，一对夫妻需要同时赡养四位老人，经济压力巨大。

以大城市为例，夫妻双方都在职场努力工作才能维持家庭的经济开支，如房贷、子女教育费用等，所以照顾老人的时间和精力非常有限。一旦老人身体出现状况需要长期护理时，子女可能难以兼顾工作与家庭，导致家庭养老功能大打折扣。

2.1.1.2　人口流动加剧

随着经济的发展，社会流动性显著增强，大量的年轻人为了寻求更好的发展机会，离开家乡前往经济发达地区工作和生活。这使得许多老年人与子女在空间上分离，成为空巢老人。据统计，我国空巢老人数量已超过1亿，许多老人面临着生活和心理等问题。

空巢老人在日常生活中面临诸多困难，比如，突发疾病时无法及时获得子女的照顾、日常的情感交流严重缺乏等。相关调查显示，空巢老人的心理健康问题更为突出，他们普遍存在孤独感和焦虑感。家庭养老的情感支持功能在这种情况下难以实现。

2.1.2　机构养老供需失衡

机构养老作为家庭养老的重要补充，本应发挥重要作用，但目前却存在严重的供需失衡问题。

2.1.2.1　供给端的不足与不均衡

尽管近年来养老机构的数量有所增加，但从整体来看，高质量、专业化的养老机构仍然稀缺。很多养老机构的设施比较陈旧，无法为老年人提供舒适的居住环境。同时，服务项目也较为单一，主要集中在基本的生活照料方面，而医疗保健、康复护理、文化娱乐等多样化的服务供给不足。

此外，养老机构的分布非常不均衡，城市地区的养老机构相对较多，但仍然存在床位紧张的情况；而农村地区的养老机构数量严重不足，无法满足农村老年人的养老需求。

2.1.2.2　需求端的矛盾与偏见

随着生活水平的提高和观念的转变，老年人对养老服务质量的要求越来越高，对优质养老机构的需求日益增长。然而，现实情况是，一些优质养老机构的收费较高，超出了大多数家庭的经济承受能力，导致很多有需求的老年人无法入住。

此外，传统观念认为老人入住养老机构意味着子女不孝顺。这种观念上的偏见在一定程度上限制了机构养老的发展，一些老年人即使无法获得良好的家庭照顾，也不愿意选择机构养老。

2.1.3　传统养老观念束缚

受传统文化影响，中国人有着深厚的家庭观念和“养儿防老”的思想，在一定程度上束缚了养老模式的创新。

2.1.3.1　老年人抵触机构养老

许多老年人很抵触机构养老，这主要源于以下两种因素。

（1）“养儿防老”观念的局限

“养儿防老”是中国传统养老观念的核心。很多老年人将养老的希望全部寄托在子女身上，而对其他养老方式存在抵触情绪。即使子女无法提供足够的照料，老年人也不愿意尝试社区养老、机构养老等新型模式。这种观念不仅给子女带来了巨大的养老压力，也限制了养老资源的合理配置。

比如，一些经济条件较好的老年人，因坚持“养儿防老”，拒绝入住条件优越的养老机构，导致养老资源浪费，同时自己也无法享受到更好的老年生活。

（2）“落叶归根”观念的影响

很多老年人对自己熟悉的生活环境有着深厚的情感依赖，不愿意离开家乡去接受更好的养老服务。特别是一些农村的老年人，即使城市有更好的养老设施和服务，他们也不愿意接受，因为他们认为离开家乡就失去了归属感。这种观念限制了老年人对养老方式的选择，不利于养老产业的规模化和专业化发展。

2.1.3.2　子女观念保守

一些子女也受到传统观念的束缚，认为将老人送到养老机构是不道德的行为，即使自己力不从心，也不愿意让老人去养老机构接受更好的服务。这样使得养老模式的创新受到阻碍，难以满足社会发展的需求。

2.2 需求分层：现代养老需求的层级划分

现代社会中，随着经济的发展和人们养老意识的深化，老年人的养老需求也在不断变化，呈现出多样化和个性化等特点。

2.2.1 基本的物质和安全需求

基本的物质和安全需求是养老需求的最基本层次，如图 2-1 所示。

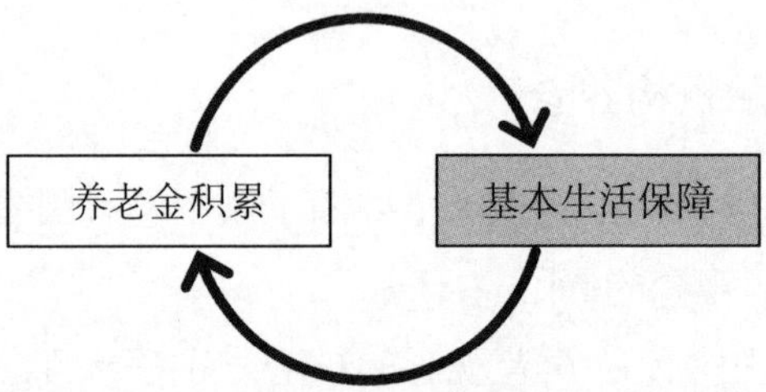

图 2-1 基本的物质和安全需求

2.2.1.1 养老金积累

养老金是老年人退休后主要的经济来源，也是老年人基本生活的重要保障。参加职工社保和居民社保是人们退休后获得基本物质和安全保障的重要途径。职工社保通常包括养老保险、医疗保险、失业保险、工伤保险和生育保险，其中，养老保险在职工退休后为其提供稳定的养老金收入。居民社保则主要针对未参加职工社保的城乡居民，为他们提供基本的养老和医疗保障。

随着人口老龄化的加剧，养老金的可持续性成为一个重要问题。许多人开始意识到，除了基本的社保养老金外，还可以通过个人储蓄、商业养老保险等方式来进行补充，以提高退休后的生活质量。

不同地区人们的生活水平不同，养老金的需求也存在差异。在农村地区，生活成本相对较低，每月 500 ～ 1000 元的养老金就能满足基本的生活需求，主要包括购买食品、支付水电费等日常开销。而在一线城市，由于物价水平较高，生活成本大幅增加，每月 4000 元以上的养老金才能维持基本的生活，包括住房、

饮食、医疗等方面的支出。

2.2.1.2　基本生活保障

基本生活保障涵盖了老年人生活的各个方面，具体如图 2-2 所示。

范围一	对于有住房的老年人来说，住房成本相对较低，但仍需考虑房屋的维护和修缮
范围二	饮食方面，老年人需要营养均衡，以保证身体健康
范围三	水电暖供应是老年人正常生活的基本保障，缺一不可
范围四	一些老年人可能需要定期购买药品、保健品等，这也需要一定的费用
范围五	虽然老年人出行频率相对较低，但偶尔的外出就医、探亲访友等也会产生交通费用

图 2-2　基本生活保障的范围

2.2.2　健康管理需求

随着年龄的增长，老年人的身体机能逐渐衰退，患病的风险增加，因此健康管理成为他们重要的需求之一。

2.2.2.1　理想的退休生活状态

理想的退休生活状态不仅包括物质上的满足，还包括心理、安全和健康等方面的保障。这些服务通常由专业的机构来提供，以确保老年人能够得到专业、全面的照顾。在生活护理方面，专业的护理人员可以帮助老年人解决日常生活中的一些困难，如洗澡、穿衣、进食等。在安全保障方面，专业的救援人员可以快速应对老年人的突发情况。

2.2.2.2　具体的服务需求

老年人在健康管理方面的需求主要包括医疗、护理和康复等服务，具体如图 2-3 所示。

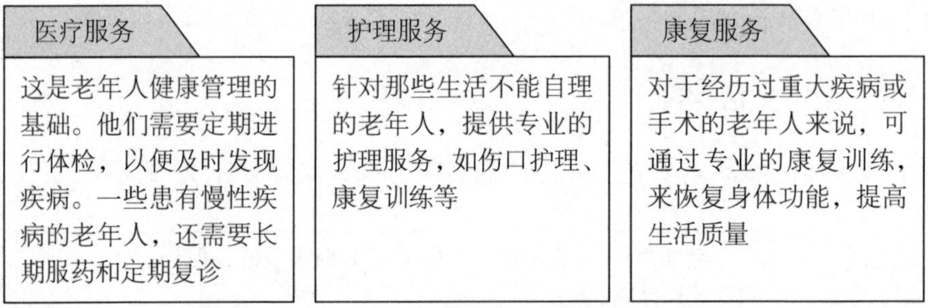

图 2-3　健康管理方面的需求

然而，这些服务往往需要较高的费用。高端的检查与特效药物、专业的护理人员和设备、长期的康复训练和治疗，价格都不菲。因此，老年人在健康管理方面的需求需要一定的资金支持。

2.2.3　社交和尊重需求

满足基本的物质和安全需求后，老年人的社交和尊重需求逐渐显现。社交活动对于老年人来说不仅是一种娱乐方式，更是与社会保持联系、拓展社交圈子的重要途径。

2.2.3.1　与社会保持联系

老年人希望与社会保持联系、参与社交活动，这样有助于缓解他们的孤独感。通过参加社区组织的活动、与老朋友聚会、加入兴趣小组等，老年人可以结交新朋友，拓展社交圈子，分享生活经验和乐趣。

2.2.3.2　获得尊重和认可

老年人有着丰富的人生经验和智慧，希望在社交中能够得到他人的尊重和肯定。因此养老服务机构应该尊重老年人的意见和选择，鼓励他们参与决策，让他们感受到自己的价值和重要性。

比如，举办社区活动时，可以邀请老年人担任志愿者或组织者，发挥他们的余热。这样他们不仅能够为社会作出贡献，还能够获得成就感和满足感。

2.2.3.3　养老服务的满足

为满足老年人的社交和尊重需求，养老机构可为他们组织社交活动、给予精神慰藉和情感支持。养老机构可以组织各种社交活动，如文艺演出、生日派对、手工制作等，让老年人相互交流、增进感情。同时，工作人员也应该关注老年人的情感需求，给予他们关心和陪伴，倾听他们的心声，帮助他们解决心理问题。

2.2.4　高层次情感需求

一些老年人还有更高层次的需求，具体如图 2–4 所示。

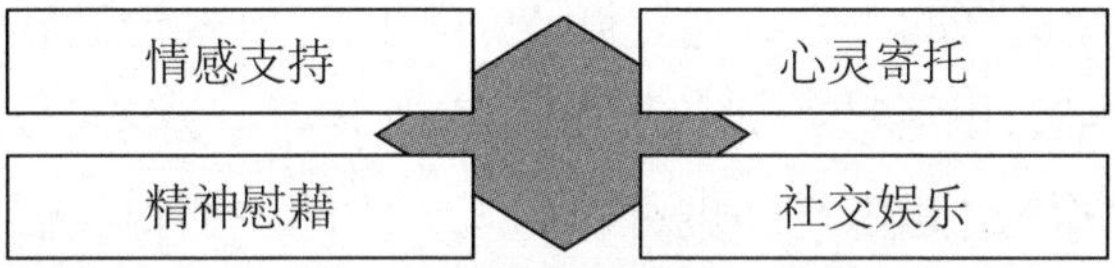

图 2–4　高层次情感需求

2.2.4.1　情感支持

随着社会的发展和家庭结构的变化，越来越多的老年人面临着子女不在身边的情况，他们对情感陪伴的需求更加迫切。对此，专业的养老服务机构或社区可以向其提供多样化的服务，如智能机器人陪伴、视频通话等。智能机器人可以陪老年人聊天、玩游戏，缓解他们的孤独感；视频通话则可以让老年人与子女保持实时联系，感受到家人的关爱。

2.2.4.2　精神慰藉

老年人也需要得到精神上的慰藉和情感上的支持。随着年龄的增长，他们可能会面临亲人离世、朋友减少等情况，容易产生孤独、焦虑等情绪。因此，养老服务机构应该注重老年人的心理健康，提供心理咨询、亲情陪伴等服务。例如，定期组织家属探访活动，加强老年人与家人之间的联系，给予他们情感上的支持。

2.2.4.3　心灵寄托

除了情感支持和精神慰藉外，老年人还需要有心灵寄托。一些老年人可能会通过参加文化、艺术活动来寻找心灵的慰藉。因此，养老服务机构和社区可以组织文化讲座、书法绘画展览、诗歌朗诵会等活动，让老年人不断丰富自己的精神世界。同时，鼓励老年人发展自己的兴趣爱好，如摄影、钓鱼等，提高他们的精神生活质量。

2.2.4.4 社交娱乐

社交娱乐是老年人保持身心健康、延缓衰老的重要途径。随着年龄的增长，老年人的社交圈子逐渐缩小，因此他们更加渴望与人交流和互动。

（1）邻里交往需求。邻里之间的交往是老年人社交的重要组成部分。老年人希望与邻里保持良好的关系，通过聊天、串门等方式增进感情，缓解孤独感。社区可以组织开展邻里活动，如邻里节、茶话会等，为老年人提供交流和互动的机会。此外，邻里之间的互助也可以为老年人的生活提供便利，如帮忙买菜、照顾宠物等。

（2）参与社区活动需求。老年人希望参与社区的文化活动、体育比赛、志愿服务等，结交更多的朋友，扩大自己的社交圈子。

比如，社区可以根据老年人的兴趣爱好和需求，组织丰富多彩的老年运动会、文艺汇演、手工制作等活动，让老年人不仅能够锻炼身体，还能够提高自己的社交能力。

（3）线上社交需求。随着互联网的普及，一些老年人也开始尝试线上社交。他们通过社交软件与远方的亲朋好友保持联系，分享自己的生活点滴。同时，线上专门的社交平台，也为他们提供了交流和娱乐的渠道。

比如，老年交友平台可以让老年人结识一些志同道合的朋友，他们可以一起交流兴趣爱好，丰富自己的生活。

相关链接

从马斯洛需求理论看老年人的需求

当我们谈论“需求”这个话题时，无法避开马斯洛需求层次理论。该理论是由美国心理学家亚伯拉罕·马斯洛于1943年在著作《人类激励理论》中提出的。马斯洛将人类需求比作阶梯，从低到高分为五个层次，包括生理需求、安全需求、社交需求、尊重需求和自我实现需求。如果把这一理论应用到老年人群需求的研究中，我们可以清晰地看到各个层次的需求，从基础的生理需求，到更高层次的安全、社交、尊重和自我实现需求。

1. 生理需求

这是人们最基本的需求，直接关系到生命的存续。对老年人来说，拥有健康的身体是他们生活的基石。满足生理需求是迈向更高层次需求的前提，而影响身体健康的因素有很多，如水质、气候、交通、生活习惯和思想观念等。老年人的饮食是他们最基本的需求，同时，居住、交通等基本生活条件也不能忽视。

2. 安全需求

老年人的安全需求是生理需求满足后更高层次的追求，呈现多维度特性，包括居家环境安全、财产安全、社会关系安全、医疗用药安全及身体与心理健康保障等。由于身体机能的衰退和认知能力的下降，老年人的安全需求更基础、敏感，且与家庭和社区关联更深，这也是决定老年人晚年生活质量的基石。

3. 社交需求

包括对亲情、友情、爱情等方面的需求。在生理和安全需求得到满足的情况下，社交需求会对老年人产生激励作用。人是社会关系的总和，社会性是人在社会中生存发展的根基。对老年人来说，社会需求具有同等重要的地位。

4. 尊重需求

不仅包括对个人价值和自我成就的追求，也包括社会的尊重与认可。老年人更渴望得到社会的尊重和关注。无论是在社区还是家庭中，老年人都期望自己是一个有尊严的个体。他们不希望被视为依赖者或失能者。即使行动能力受限时，他们仍愿意为家庭或社会做出贡献。

5. 自我实现需求

对老年人而言，自我实现意味着实现自己的价值或充分发挥自身的潜能。从某种意义上讲，追求自我实现的人可能会过度关注高层次需求的满足，从而忽视了较低层次的需求。对于老年人来说，他们希望自己仍能适应社会，并希望自我实现能对他们的晚年生活产生积极的影响。

2.3 政策与市场：政策驱动下的市场空白

当前，人口老龄化问题被视为关乎社会主义现代化国家建设的战略性、全局性问题。近年来，国家出台了一系列关于人口发展和应对人口老龄化的政策，从“9073”养老格局到“十四五”国家规划，使养老产业得到了较快发展。

2.3.1 “9073”养老格局

“9073”养老格局生动且精准地描绘了我国养老模式的现状与发展方向，即90%的老年人选择居家养老，7%的老年人依托社区养老，3%的老年人选择机构养老，如图2–5所示。这一格局的形成与我国的社会文化、经济发展以及老年人的实际需求紧密相连。

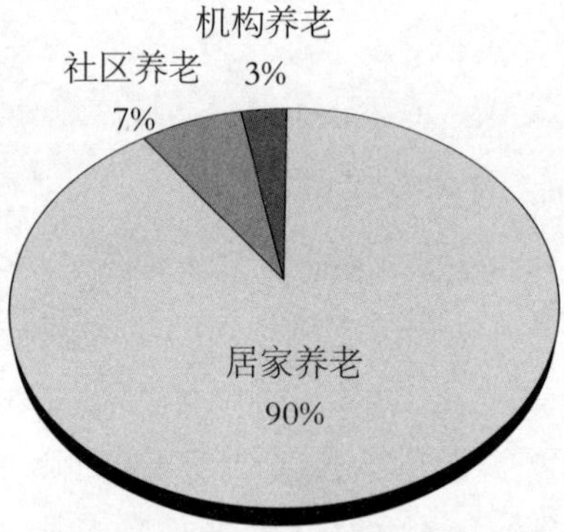

图2–5 “9073”养老格局

2025年初，《中共中央 国务院关于深化养老服务改革发展的意见》发布，提出构建“居家为基础、社区为依托、机构为补充、医养相结合”的养老服务体系。

2.3.1.1 居家养老为主

居家养老在我国有着深厚的历史文化根基，是绝大多数老年人长期以来的养老模式。当前我国老年人居家养老意愿强烈。中国老龄科学研究中心2024年发布的《中国城乡老年人生活状况调查报告》显示，91.2%的老年人希望居家养老，远高于选择机构养老的 4.5% 和社区养老的 4.3%。居家养老已成为中国老年人的主流选择，而新政策的出台正是对这一现实需求的积极回应。

对于老年人而言，熟悉的家庭环境承载着他们一生的回忆，与家人朝夕相伴能给予他们强烈的安全感和归属感。这种养老方式不仅符合老年人的心理需求，也在一定程度上减轻了社会的养老负担。

为了大力支持居家养老的发展，政府出台了一系列切实有效的政策。其中，家庭适老化改造就是一项重要的举措。许多老年人由于身体机能下降、行动不便，容易发生摔倒等意外情况。政府通过提供补贴的方式，鼓励老年人家庭对居住环境进行适老化改造，如安装扶手、防滑地板、紧急呼叫装置等，使家庭环境更加安全、舒适，方便老年人的生活。

随着生活节奏的加快和工作压力的增大，一些年轻人选择与父母分开居住。然而，家庭成员共同居住可以为老年人提供日常的生活照料和精神陪伴。政府通过宣传引导、政策支持等方式，鼓励年轻人与父母同住，营造温馨和谐的家庭养老氛围。

2.3.1.2　社区养老为依托

社区养老在“9073”养老格局中扮演着至关重要的角色，它是连接居家养老和机构养老的桥梁和纽带，可为居家老人提供丰富多样的服务和支持。

社区养老涵盖了多个方面，其中，日间照料服务为那些白天子女上班、无人照顾的老年人提供了更好的选择。在日间照料中心，老年人可以得到专业的护理和照顾，包括饮食、休息、康复护理等。同时，照料中心还会组织开展各种文化娱乐活动，丰富老年人的精神生活。

康复护理服务也是社区养老的重要内容。对于一些患有慢性疾病或身体机能有所下降的老年人，社区可以提供专业的康复指导和护理服务，帮助他们进行康复训练，提高身体机能。此外，社区还会定期组织健康讲座、体检等活动，提高老年人的健康意识和自我保健能力。

为了提升社区养老服务的质量和水平，政府加大了对社区养老的投入，具体措施如图 2-6 所示。

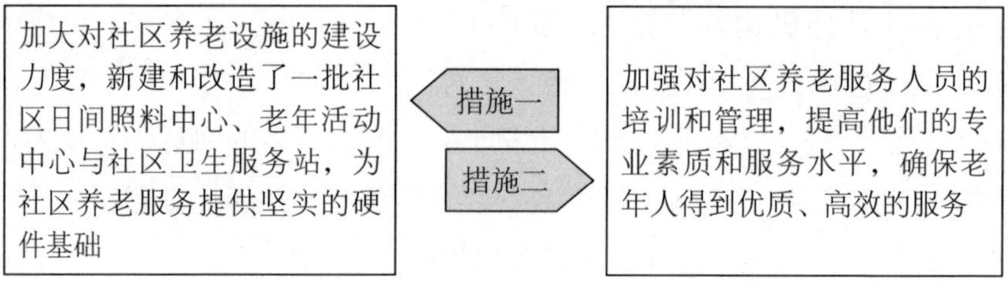

图 2-6　政府加大社区养老投入的措施

2.3.1.3　机构养老为补充

机构养老作为居家养老和社区养老的重要补充，为那些失能失智、需要专业护理的老年人提供了必要的保障。这些老年人由于身体原因，无法在家中或社区得到充分的照顾和护理，需要专业的养老机构提供全方位的服务。

养老机构可以为老年人提供安全、舒适的居住环境，并配备专业的医护人员和护理人员，为老年人提供 24 小时的生活照料、医疗护理、康复训练等服务。同时，养老机构还会根据老年人的身体状况和兴趣爱好，组织开展各种文化娱乐活动和社交活动，丰富老年人的精神生活。

为了促进机构养老的健康发展，需加强对养老机构的监管。政府制定了一系列严格的服务标准和规范，要求养老机构在设施建设、人员配备、服务质量等方面达到相应的标准。同时，政府还加强了对养老机构的日常监督检查，对违规行为进行严肃处理，确保老年人的合法权益得到保障。

此外，政府还鼓励社会资本进入机构养老领域，通过政策扶持、资金补贴等方式，引导社会力量参与养老机构的建设和运营，增加养老服务的供给，提高机构养老的服务质量和效率。

微视角

“9073”养老格局是我国养老事业发展的重要方向，居家养老、社区养老和机构养老相互补充、协同发展，共同为老年人提供全方位、多层次的服务，让老年人能够安享幸福晚年。

相关链接

《中共中央 国务院关于深化养老服务改革发展的意见》节选

二、加快健全覆盖城乡的三级养老服务网络

（一）建设县级综合养老服务管理平台。依托县级特困人员供养服务机构和养老服务信息系统，建设综合养老服务管理平台，在承担兜底保障职能基础上，拓展和强化服务示范、行业指导、应急救助、资源协调等综合功能，统筹推动县域养老服务资源高效利用。省级、市级养老机构要推动优质资源下沉，增强对县级综合养老服务管理平台的技术支持、示范引领、人才培养作用，促进区域联动。

（二）加强乡镇（街道）区域养老服务能力建设。依托乡镇（街道）敬老院、优质民办养老机构等，改扩建为区域养老服务中心，发挥专业照护、服务转介、资源链接等作用，促进上下联动，推动供需衔接。支持有条件的地方推动乡镇（街道）敬老院由县级民政部门直管，探索推广委托运营，提升服务管理质效。

（三）完善村（社区）养老服务设施站点。发挥乡镇（街道）区域养老服务中心带动作用，采取“中心＋站点”等方式，大力发展嵌入式社区养老服务设施、互助性养老服务站点，完善老旧小区养老服务设施，加强与教育、卫生健康、文化等公共服务设施的综合利用，建设“一老一小”服务综合体。发挥设施站点连接家庭与社会服务的作用，及时收集和转介服务需求。

三、贯通协调居家社区机构三类养老服务形态

（四）巩固居家养老基础作用。完善老年人床边、身边可感可及的养老服务政策措施。健全家庭养老支持政策，探索为居家失能老年人建设具有连续、稳定、专业服务功能的家庭养老床位，开展老年人家庭成员照护技能培训。积极培育专业化服务机构，鼓励社区和家政、互联网平台企业等上门提供老年助餐、助浴、助洁、助行、助医、助急等多样化服务，更好满足居家照护服务需求。加快适老住宅建设，推进家庭适老化改造，支持老旧小区加装电梯，加强无障碍环境建设。

（五）强化社区养老依托作用。扩大社区养老服务有效供给，依托社区为居家养老提供有力支持。发展嵌入式社区养老服务，大力培育专业化、连锁化、品牌化运营的社区养老服务机构，整合周边场地设施等资源，推行“社区＋物业＋养老服务”，增强专业照护、日间照料、康复护理、上门服务等能力。将社区养老服务纳入城市一刻钟便民生活圈建设重点内容。探索老旧小区养老服务供给有效途径，推动完整社区建设。探索开展“养老顾问”服务，提供专业咨询、委托代办等助老项目。村（社区）“两委”要把服务老年人作为重要职责，掌握辖区内老年人情况和服务需求，协助开展养老服务。补齐社区老年人活动场所短板，开展文体娱乐、社会交往等活动。加强孤寡老年人探访关爱服务。

（六）优化机构养老专业支撑作用。根据服务对象和设施条件，因地制宜推进养老机构分类改革，调整完善供给结构。兜底保障型养老机构主要收住特困老年人和经济困难失能老年人等；普惠支持型养老机构面向全体老年人开放，由设区的市级政府制定支持办法，加强收费引导管理；完全市场型养老机构实行充分竞争、优质优价，满足老年人多样化需求。健全公办养老机构运营机制，在做好兜底保障基础上，向社会开放空余床位，扩大普惠养老服务，建立健全收入管理和绩效激励制度。鼓励社会力量新建或改扩建养老服务设施，支持通过公建民营等方式扩大优质机构养老服务供给。充分发挥养老机构技术创新示范、服务技能培训、设备推广应用等作用，推动专业化服务向居家和社区延伸。加强残疾、失能老年人照护服务，着力增加护理型床位供给，引导养老机构积极收住失能老年人，发展长期照护和认知障碍老年人照护服务。探索“老年父母＋残疾子女”家庭共同入住养老机构或其他照护机构，支持有能力的养老机构收住重度残疾人。

（七）促进医养结合。强化医疗卫生服务与养老服务在政策体系、服务制度、业务流程等方面的有机结合，加强疾病防控。加强养老服务机构和医疗卫生服务机构协同，强化整合照护，健全稳定顺畅的双向转接绿色通道，简化转诊就医程序。根据养老机构内设医疗机构需要，依法依规赋予相应处方权。鼓励具备相应医疗条件的养老机构依法依规开展安宁疗护服务。加强失能高危人群早期识别和失能预防，开展健康指导和综合干预。

（八）加快补齐农村养老服务短板。因地制宜扩大农村养老服务供给。将发展农村养老服务作为实施乡村振兴战略的重要内容，将农村养老服务设施纳入乡镇级国土空间规划或村庄规划。大力推进互助性养老服务，健全农村留守、高龄、失能、残疾等老年人探访关爱和应急救援服务机制。鼓励农村集体经济组织发展养老服务，引导社会力量积极参与。有条件的地方可按规定开发设置农村助老岗位。引导城市养老服务机构运营农村养老服务设施，促进城乡养老服务均衡发展。

（九）加强和改进养老服务综合监管。健全养老服务标准和评价体系。完善养老机构登记备案管理，加强预收费监管。建立健全居家社区养老服务管理制度，完善养老社区等监管机制。健全养老服务应急管理体系，全面落实安全生产责任制，压实养老服务机构、有关管理部门及地方党委和政府责任。加强老年用品质量监管。

2.3.2　“十四五”国家规划与养老

为实施积极应对人口老龄化国家战略，推动老龄事业和产业协同发展，构建和完善兜底性、普惠型、多样化的养老服务体系，不断满足老年人日益增长的多层次、高品质健康养老需求，根据《中华人民共和国老年人权益保障法》《中华人民共和国国民经济和社会发展第十四个五年规划和 2035 年远景目标纲要》和《国家积极应对人口老龄化中长期规划》，国务院制定《“十四五”国家老龄事业发展和养老服务体系规划》，对养老产业的发展做出了重要部署。

2.3.2.1　完善养老服务体系

“十四五”规划提出了要构建居家社区机构相协调、医养康养相结合的养老服务体系，这也是对我国养老模式的一次全面升级和优化。

（1）居家社区机构相协调，具体措施如图 2-7 所示。

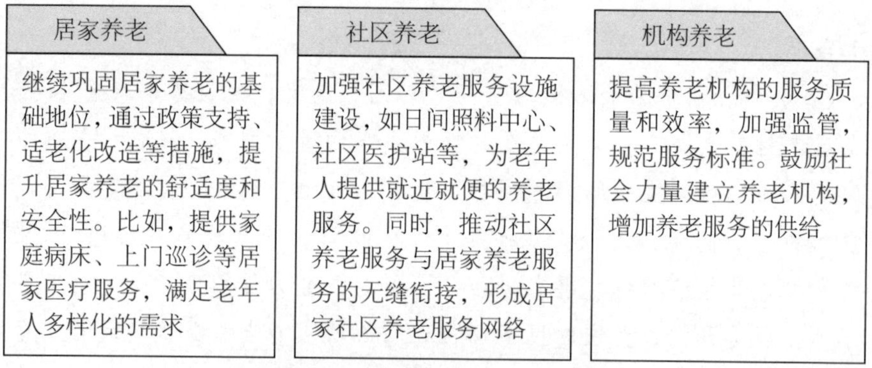

图 2-7　居家社区机构相协调的措施

（2）医养康养相结合，具体措施如图 2-8 所示。

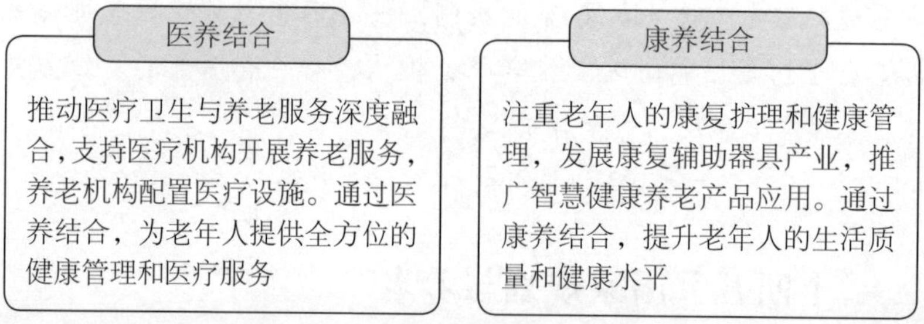

图 2-8　医养康养相结合的措施

（3）加强养老服务设施建设。加大投入力度，新建或改扩建一批养老服务设施，提高养老服务的可及性和质量。推动养老服务设施的标准化、规范化建设，提升养老服务的水平和效率。

2.3.2.2　促进养老产业发展

“十四五”规划鼓励社会资本进入养老产业，推动养老产业多元化、专业化发展，具体措施如表 2-1 所示。

表 2-1　促进养老产业发展的措施

序号	措施	具体说明
1	多元化发展	（1）支持养老服务与文化、旅游、体育、教育等产业融合发展，不断拓展养老服务的领域。比如，发展老年旅游、老年教育等新型养老产业 （2）鼓励企业创新养老服务模式，提供个性化、定制化的养老服务与产品，满足老年人多样化的需求

续表

序号	措施	具体说明
2	专业化发展	（1）提高养老服务机构的专业化水平，加强人员培训和管理，提升服务质量 （2）鼓励企业加大研发投入，推动养老产业的智能化、信息化发展。比如，利用人工智能、大数据等技术，提高养老服务的精准性和效率
3	政策扶持	（1）出台一系列政策措施，支持养老产业的发展。比如，提供税收优惠、财政补贴等支持，降低企业的运营成本 （2）加强市场监管，规范养老产业的运营秩序，保护消费者的合法权益

2.3.2.3　加强养老人才队伍建设

“十四五”规划强调，要加大对养老服务人才的培养力度，提高养老服务人员的专业素质和服务水平；建立健全养老服务人才评价和激励机制，吸引更多的人投身养老事业，具体措施如表 2-2 所示。

表 2-2　加强养老人才队伍建设的措施

序号	措施	具体说明
1	人才培养	（1）建立养老服务培训基地，加大对养老管理和服务人员的培训力度 （2）鼓励普通高校、职业院校等开设养老服务相关专业，培养专业的养老服务人才 （3）推动校企合作，将养老服务列为重点项目，共同培养符合市场需求的养老服务人才
2	人才评价和激励机制	（1）建立健全养老服务人才评价和激励机制，对表现优秀的养老服务人员给予表彰和奖励 （2）提高养老服务人员的社会地位和待遇水平，吸引更多的人投身养老事业 （3）加强养老服务人员的职业道德教育，提高他们的服务意识和职业素养

2.3.3　市场空白与机遇

尽管养老产业在政策的推动下取得了一定的进展，但目前的市场仍存在许多空白，蕴含着巨大的潜力。

2.3.3.1 高端养老服务市场——消费升级下的新蓝海

随着时代的发展和社会的进步，老年人的消费观念发生了深刻的转变。过去，老年人往往秉持节俭的生活理念，对养老服务的认识较为保守。但如今，越来越多的老年人开始注重生活品质，愿意为高品质的养老服务支付费用。与此同时，我国经济的持续增长使老年人的收入水平不断提高，许多老年人拥有一定的积蓄和稳定的退休金，具备了购买高端养老服务的经济基础。这些因素共同促使高端养老服务市场呈现广阔的发展前景。

高端的老年群体通常具有较高的文化素养和独特的生活需求。他们不再满足于传统的、千篇一律的养老服务，而是希望享受到个性化、定制化的服务，具体如图 2-9 所示。

图 2-9　高端老年群体的养老服务需求

企业可以针对这些需求，打造高端的养老社区，提供定制化的养老方案，包括饮食安排、医疗保健服务、休闲娱乐活动等，以满足高端老年群体的多样化需求。

2.3.3.2 智慧养老领域——科技赋能下的新机遇

物联网、大数据、人工智能等技术的飞速发展，为智慧养老带来了新的发展机遇，具体如图 2-10 所示。

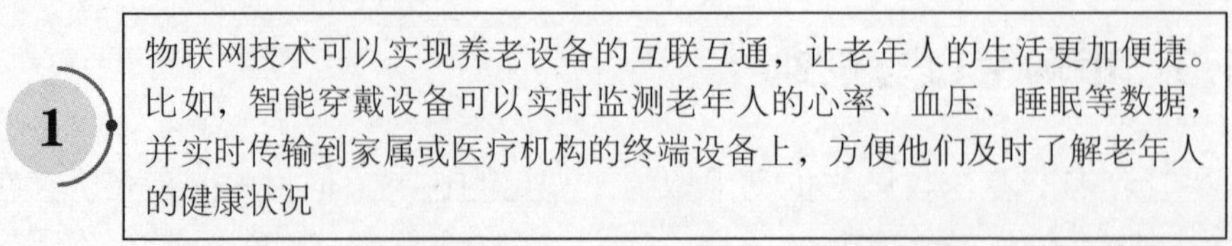

2 大数据技术可以对老年人的生活习惯、健康状况等信息进行分析和挖掘，为养老机构的服务决策提供依据

3 人工智能技术则可以应用于老年人陪伴、护理等领域。比如，智能机器人可以与老年人进行互动交流，提供情感支持和生活帮助

图 2-10　科技赋能下的养老新机遇

企业可以充分利用先进的技术，为老年人提供更加便捷、高效的服务体验。除了智能穿戴设备和远程医疗外，企业还可以开发智能养老服务平台，整合各类养老服务资源，实现一键预约、在线支付等功能，让老年人足不出户就能享受到多样化的养老服务。同时，融合人工智能技术的智能护理系统，可以根据老年人的身体状况和需求，提供个性化的护理方案，提高服务的效率和质量。

2.3.3.3　农村养老服务市场——亟待挖掘的巨大潜力

与城市相比，农村地区的养老产业发展相对滞后。一方面，农村养老机构的数量较少，设施简陋，服务质量不高，难以满足农村老年人的养老需求。另一方面，农村养老服务人才匮乏，专业的护理人员和管理人员严重不足，导致养老服务水平难以提升。此外，农村老年人的养老观念相对传统，对机构养老的接受度较低，这样也制约了农村养老服务市场的发展。

尽管农村养老市场具有诸多问题，但也存在着巨大的市场空白区域。企业可以深入了解农村老年人的实际需求，提供适合他们的养老产品和服务方案，具体如图 2-11 所示。

措施一 针对农村老年人居住分散的特点，可以发展居家养老服务，为老年人提供上门护理、助餐助浴等服务

措施二 由于农村老年人对土地和家庭比较眷恋，可以探索发展“互助养老”模式，鼓励老年人相互帮助、相互照顾

措施三 可以结合农村的实际情况，开发一些适合农村老年人的休闲娱乐项目，如老年活动中心、农家书屋等，丰富他们的精神生活

图 2-11　解决农村养老需求的措施

第3章 双重价值挖掘：银发经济的意义

学习目标

银发经济蕴含着双重价值。人口老龄化催生了庞大的“长尾市场”，发展潜力有待挖掘，商业价值非常明显。养老产业具有民生保障与商业盈利的双重属性。探寻二者的平衡之道，对充分挖掘银发经济市场、推动产业健康发展至关重要。

3.1 市场潜力：老龄化社会“长尾市场”的剖析

老龄化社会的“长尾市场”是指在老龄化背景下，由老年人群体构成的具有独特特征和巨大潜力的市场。

3.1.1 老龄化社会“长尾市场”的特征

老龄化社会“长尾市场”具有图3-1所示的显著特征。

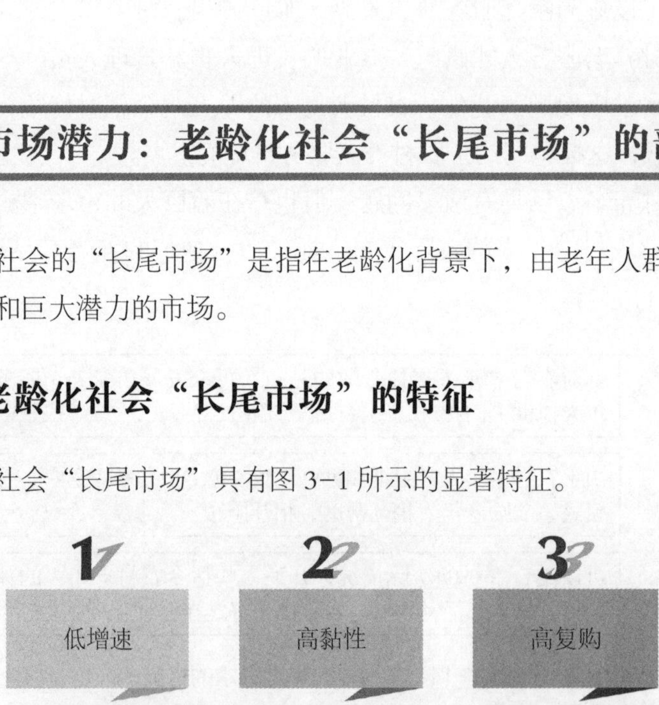

图3-1 老龄化社会“长尾市场”的特征

3.1.1.1　低增速

与年轻人群消费市场相比，银发市场的整体增速比较慢，但增长稳定且持续，具体原因如图 3-2 所示。

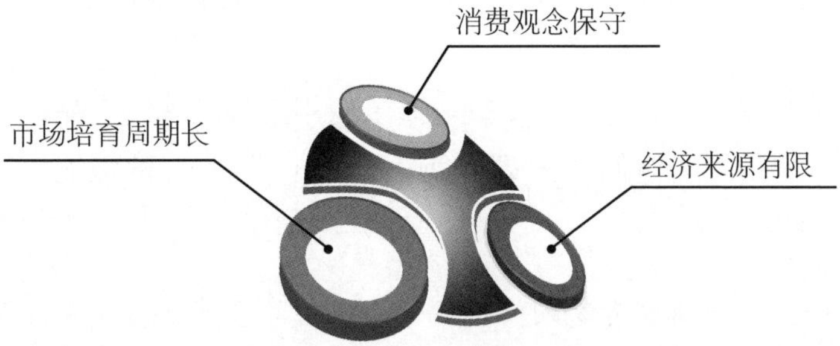

图 3-2　导致低增速的原因

（1）消费观念保守。老年群体在长期的生活中形成了相对稳定和保守的消费观念。他们更注重产品的实用性和性价比，对于新的消费趋势和潮流，接受速度较慢。

比如，面对新兴的智能穿戴设备时，许多老年人可能会因为操作复杂或者对实际用途存疑，而不会轻易尝试购买。

相比之下，年轻消费者更容易被新产品的创新功能和时尚外观所吸引，从而推动相关市场快速发展。因此，银发市场的消费增长速度相对缓慢。

（2）经济来源有限。老年人的主要经济来源通常是养老金、储蓄以及子女的赡养费。与在职的年轻人相比，他们的收入增长幅度有限，而且随着年龄的增长，他们可能还需要支付额外的医疗费用，这使得他们在消费上更加谨慎。

比如，对于高端电子产品或奢侈品，老年人的消费能力和消费意愿相对较低，导致相关市场中老年人创造的经济价值增速较为缓慢。

（3）市场培育周期长。要想在老年群体中推广新产品或服务，往往需要较长的时间来进行市场培育。由于老年人接受新事物需要一个过程，因此企业应投入更多的时间和精力来进行宣传和引导，让老年人了解产品或服务的价值和使用方法。

比如，对于一些针对老年人的健康管理服务，需要花费大量的时间向老年人介绍，从而使市场的增长速度受到一定影响。

3.1.1.2 高黏性

老年消费者一旦对某个品牌或产品产生信任，往往表现出较高的忠诚度，即高黏性。

（1）习惯形成依赖。老年人一旦习惯了使用某种品牌或产品，就会形成很强的依赖感。这是因为他们在长期的使用过程中，对产品的性能、质量和作用有了深入的了解。

比如，一些老年消费者长期使用某一品牌的降压药，认为其效果良好，所以不愿轻易更换其他品牌。

（2）信任建立不易。在银发市场中，与老年人建立信任关系需要时间和努力。企业可通过长期提供优质的产品和服务，来满足老年人的需求，赢得他们的信任。

比如，一家信誉良好的养老院，通过周到的服务和良好的设施，获得了老年人及其家属的认可。这些老年人愿意长期选择该养老院，并且会向身边的人推荐。

（3）情感连接紧密。老年消费者在消费过程中，往往会与品牌或商家建立情感连接。他们更注重消费过程中的人文关怀和情感交流。

比如，一些老年用品店的店员通过与老年人进行良好的沟通和互动，了解他们的需求和喜好，让老年人感受到温暖和尊重。

这种情感连接使得老年人对企业产生了深厚的感情，从而提高了他们的忠诚度和黏性。

3.1.1.3 高复购

（1）健康需求持续。随着年龄的增长，老年人的身体机能逐渐衰退，对健康产品和服务的需求持续存在。

比如，患有慢性疾病的老年人需要长期服用药物来控制病情，有时可能还需要服用各种保健品来增强免疫力，而且血糖仪、血压计等医疗器械也需要定期更换配件，这样就导致了这些产品的高复购率。

（2）生活需求重复。在日常生活方面，老年人的一些需求是重复的。如成人纸尿裤、护理垫等护理用品，由于使用频率高，需要经常购买。此外，老年服装、鞋子等生活用品，也会因为损耗，需要定期更换。这些生活必需品的重复购买，使得相关市场呈现高复购率的特点。

（3）服务需求稳定。除了产品消费外，老年人的一些服务需求也具有稳定性和重复性。

比如，老年人为了保持身体健康和生活质量，会持续购买定期体检、康复护理等服务。

一些旅游机构推出了定期老年旅游线路，也会吸引很多老年人参加，因为他们很享受旅游带来的乐趣。

3.1.2　老龄化社会“长尾市场”的商业价值

老龄化社会“长尾市场”蕴含着巨大的商业价值，主要体现在图 3–3 所示的几个方面。

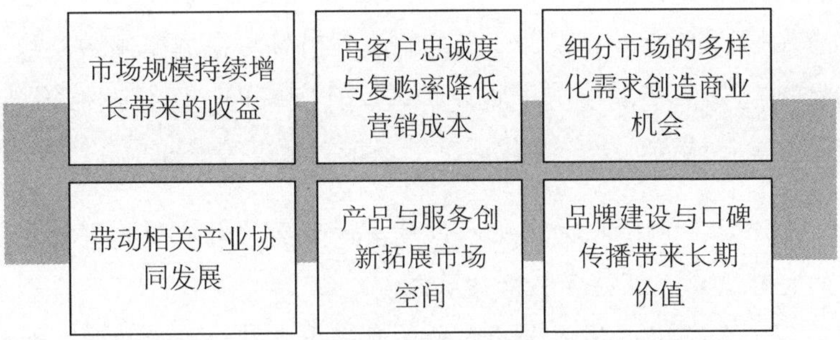

图 3–3　老龄化社会“长尾市场”的商业价值

3.1.2.1　市场规模持续增长带来的收益

随着全球人口老龄化程度的加深，老年人口数量持续增加，构成了一个规模庞大且增长稳定的消费群体。庞大的人口基数意味着广阔的市场空间，无论是基本的生活消费品，如食品、服装、日用品等，还是养老服务、医疗保健等特殊领域，都存在着巨大的消费潜力。而且，老年群体的消费需求具有持续性，随着年龄的增长和生活水平的提高，他们对产品和服务的需求不断增加，这为企业提供了长期稳定的收入来源。

比如，养老机构的床位需求随着老年人口的上涨而不断增加，相关企业可以通过扩大规模、提升服务质量来满足市场需求，从而获得持续的收益。

3.1.2.2 高客户忠诚度与复购率降低营销成本

老年消费者在长期的消费过程中形成了相对稳定的习惯，对于新品牌的购买意愿较低。这种高黏性使得企业在维护客户关系方面的成本相对较低。同时，老年群体的一些消费需求具有重复性，如健康保健品、护理用品等，形成了较高的复购率。

比如，有一些老年人需要定期购买药品和保健品，企业如果能够与消费者建立稳定的客户关系，就能减少营销成本，扩大利润空间。

3.1.2.3 细分市场的多样化需求创造商业机会

老年人群的需求呈现出多样化和个性化的特点，涵盖了健康、娱乐、教育、旅游等多个领域。这为企业提供了丰富的细分市场。在健康领域，除了传统的医疗服务和药品外，还涌现出了康复护理、健康管理、医疗器械等新兴市场。在娱乐方面，老年旅游、老年文化活动、老年兴趣班等产业也在不断发展壮大。

比如，一些旅行社专门为老年人设计了慢节奏的舒适型旅游线路，满足了老年游客的特殊需求，获得了良好的收益。

企业应深入了解老年消费者的需求，开发出具有针对性的产品和服务，满足不同老年群体的个性化需求，从而在细分市场中占据优势地位。

3.1.2.4 带动相关产业协同发展

老龄化社会的“长尾市场”并不局限于老年产品和服务本身，还能够带动相关产业的协同发展。养老产业的发展需要建筑、装修、家具等行业提供适老化设施和产品；医疗保健行业的发展离不开制药、医疗器械、生物科技等产业的支持；老年旅游的兴起也会促进交通、酒店、餐饮等行业的繁荣发展。

比如，随着养老机构的建设，建筑行业需要设计和建造适合老年人的房屋，家具行业需要生产适老化的产品，这样就形成了一个产业生态链。各个产业之间相互促进、共同发展，为经济增长注入了新的动力。

3.1.2.5　产品与服务创新拓展市场空间

为了满足老年群体的特殊需求，企业需要不断进行创新。在产品创新方面，研发适合老年人的智能设备、生活用品等；在服务创新方面，提供个性化的养老服务、远程医疗服务等。

比如，智能监测设备可以实时监测老年人的身体状况，适老化的智能家居可以让老年人更加方便地操控，从而提高生活的安全性和便利性。

这些创新不仅能够提高老年人的生活质量，还能为企业带来新的市场机会和竞争优势。

3.1.2.6　品牌建设与口碑传播带来长期价值

在银发市场中，品牌建设具有重要意义。老年消费者注重产品和服务的质量、安全性和可靠性，一个良好的品牌形象能够赢得他们的信任和认可。而且，老年消费者之间的口碑传播效应很明显，他们更愿意相信亲朋好友的推荐。因此，企业通过提供优质的产品和服务，建立起良好的品牌形象，不仅可以在老年市场中获得较高的市场份额，还能够吸引更多的潜在客户。

微视角

老龄化社会的“长尾市场”具有巨大的商业价值，企业如果能够充分分析这一市场的特点和需求，抓住机遇，创新发展，就可以在老年市场中获得广阔的发展空间和丰厚的经济回报。

3.2 产业特性：养老产业“双重属性”的解读

养老产业作为银发经济的重要组成部分，不仅承载着满足老年人生活需求、提升晚年生活质量的民生保障职责，同时也具备商业盈利的潜力。这种双重属性使得养老产业在发展过程中既要注重社会效益，又要考虑经济效益，实现两者的和谐统一。

3.2.1 养老产业的民生保障属性

这一属性主要体现在满足老年人基本生活需求以及提升社会福利水平两个方面。

3.2.1.1 满足基本生活需求

养老产业通过提供居住、餐饮、医疗、护理等基本服务，满足老年人的日常需求，保障他们的基本生活。

（1）居住服务

居住服务的体现如表 3–1 所示。

表 3–1 居住服务的体现

序号	体现	具体说明
1	多样化居住服务	提供多样化的居住场所，包括老年公寓、养老院等，以满足不同老年人的需求。老年公寓和养老院通常配备完善的设施和服务，如无障碍设施、紧急呼叫系统等，确保老年人居住得安全和舒适
2	适老化改造	针对居家养老的老年人，提供适老化改造服务，如安装扶手、防滑地砖等，以降低老年人居家生活的风险

（2）餐饮服务

餐饮服务的体现如表 3–2 所示。

表 3-2　餐饮服务的体现

序号	体现	具体说明
1	营养配餐	注重营养搭配和口味调整，以满足老年人的特殊饮食需求。许多养老机构还提供个性化餐食，如糖尿病餐、低盐餐等，以确保老年人的饮食健康
2	送餐服务	对于行动不便的老年人，养老机构还提供送餐服务，确保他们能够按时享受到美味的餐食

（3）医疗服务

医疗服务的体现如表 3-3 所示。

表 3-3　医疗服务的体现

序号	体现	具体说明
1	日常医疗照护	养老机构与医疗机构紧密合作，为老年人提供日常医疗照护服务，如定期体检、疾病诊治、康复护理等。一些高端养老机构还配备专业的医疗团队和先进的医疗设备，确保老年人在突发疾病时能够得到及时救治
2	健康管理	除了日常医疗照护外，养老机构还注重老年人的健康管理，提供健康咨询、健康讲座等服务，提高老年人的健康意识，预防疾病的发生

（4）护理服务

护理服务的体现如表 3-4 所示。

表 3-4　护理服务的体现

序号	体现	具体说明
1	生活照料	养老产业中的护理服务包括生活照料、精神慰藉等多个方面。护理人员会协助老年人开展一些日常的活动，如穿衣、洗漱、进食等，确保他们的生活质量
2	专业护理	对于失能、半失能的老年人，养老机构还提供专业的护理服务，如翻身、拍背、按摩等，以预防压疮、肺炎等并发症的发生

3.2.1.2　提升社会福利

养老产业的发展与社会福利提升密切相关，主要体现在图 3-4 所示的几个方面。

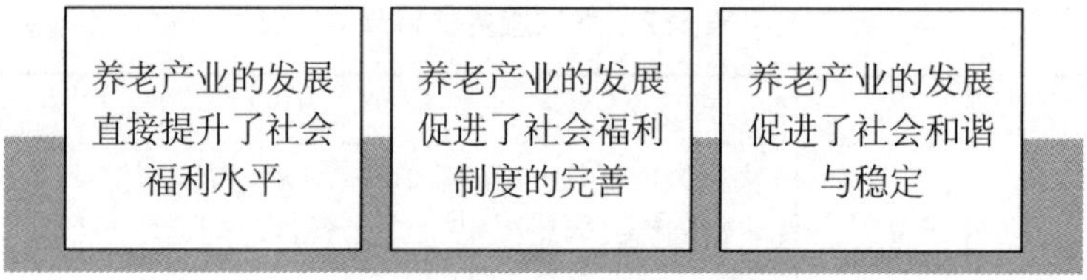

图 3-4　养老产业发展与社会福利提升的关系

（1）养老产业的发展直接提升了社会福利水平。随着人口老龄化的加剧，养老服务需求不断增加，养老产业的发展涌现出更多的养老服务设施和机构，以满足老年人的生活照料、健康管理、精神慰藉等多方面需求。

比如，养老机构、日间照料中心、居家养老服务站的建设和发展，为老年人提供了更加便捷和高质量的服务。

（2）养老产业的发展促进了社会福利制度的完善。政府和社会各界对养老产业的重视和支持，推动了相关政策和服务体系的建立和完善。

比如，政府出台了一系列支持养老服务行业发展的政策，包括提供就业岗位补贴、建立薪酬体系等。这些措施不仅提升了养老服务人员的待遇，还增强了他们的职业认同感和归属感。

（3）养老产业的发展促进了社会和谐与稳定。通过提供优质的养老服务，养老产业解决了老年人的生活难题，减轻了家庭和社会的负担，增强了社会的凝聚力。

比如，农村日间照料中心的建设，不仅为老年人提供了就近的养老服务，还缓解了农村的养老压力，实现了老年人“离家不离村，离亲不离情”的愿望。

3.2.2　养老产业的商业盈利属性

养老产业不仅有着重要的民生保障功能，同时也具备显著的商业盈利属性。全球人口老龄化的加速推进、老年人口数量的增加和老年人消费能力的提升，为养老产业带来了前所未有的市场机遇。

3.2.2.1　市场需求旺盛

随着全球人口老龄化趋势的加剧，老年人口数量呈现显著增长的态势。以中国为例，根据相关统计数据，近年来老年人口规模持续扩大，截至目前已达数亿之多，并且预计未来几十年内还将保持稳定增长。与此同时，老年人的消费能力也在不断提升，他们对生活品质的追求以及对养老服务和产品的需求愈发多样化和个性化。

在这样的背景下，养老产业迎来了前所未有的发展机遇，市场需求日益旺盛。对于企业而言，这无疑是一个巨大的商业契机。

高品质的养老机构备受青睐，其不仅可以提供舒适的居住环境，如温馨的房间布置、完善的生活设施等；还配备了专业的护理人员，能够为老年人提供全方位的生活照料，包括饮食搭配、康复护理等服务。一些高端养老机构还会提供个性化的服务方案，根据老年人的兴趣爱好和身体状况，组织开展丰富多彩的文化娱乐活动，如书法绘画课程、音乐欣赏、健身运动等，以满足老年人精神文化层面的需求。通过提供这些高品质的养老服务，企业能够吸引更多的老年人入住，从而实现商业盈利。

适老化产品的开发也是满足老年人需求、实现盈利的重要途径。随着老年人对生活便利性和安全性的要求不断提高，适老化产品市场潜力巨大。

比如，在日常生活用品方面，采用柔软舒适的面料、宽松的版型以及方便穿脱的设计，让老年服装更加人性化；带有防滑、减震功能的老年鞋，能够有效保障老年人的行走安全。在医疗保健产品方面，各种智能化的健康监测设备（智能手环、智能血糖仪等）可以实时监测老年人的身体指标，并将数据同步到手机或云端，方便老年人及其家属随时查看，康复辅助器具（电动轮椅、护理床等）能够帮助失能、半失能老年人提高生活自理能力。

企业通过研发和销售这些适老化产品，既满足了老年人的实际需求，同时也获得了可观的经济效益。

3.2.2.2　产业链延伸

养老产业是一个综合性很强的产业，涉及多个领域，如医疗、康复、教育、旅游等。企业可以充分利用这一特点，通过产业链延伸来拓展业务范围，提高盈利能力，具体如表 3-5 所示。

表 3-5 养老产业的产业链延伸

序号	延伸领域	具体说明
1	医疗领域	（1）康复医疗服务：随着老年人健康意识的提升，康复医疗服务成为养老产业的重要组成部分。企业可以通过提供康复医疗、健康管理等服务，拓展业务范围，提高盈利能力 （2）医疗器械与药品：企业可以研发和生产适老化的医疗器械和药品，如助听器、轮椅、老年病专用药等，满足老年人的多样化需求，提高企业的经济效益
2	康复领域	（1）专业的康复设施：专业的康复设施，能为老年人提供物理康复、心理康复等服务。企业可以与医疗机构合作，形成“康复＋医疗”的完整产业链 （2）康复辅具销售与租赁：企业可以销售或租赁康复辅具，如拐杖、助行器、康复床等，满足老年人的康复需求
3	教育领域	（1）老年教育服务：开设老年大学、兴趣班等，为老年人提供学习、交流的平台，不仅可以丰富老年人的精神生活，也可以为企业带来学费收入 （2）在线教育产品：开发适合老年人的在线教育产品，如健康养生课程、智能手机使用教程等，可以让老年人的生活更加健康便捷
4	旅游领域	（1）老年旅游服务：组织老年旅游团，开发适合老年人的旅游线路和产品，可以为企业带来可观的收入 （2）旅游相关产品开发：针对老年旅游市场，开发相关的旅游产品，如旅游保险、旅游纪念品等，可以帮助企业进一步拓展业务范围
5	其他领域	（1）智能家居与适老化改造：提供智能家居产品和适老化改造服务，如智能健康监测设备、无障碍设施改造等，满足老年人居家养老的日常需求 （2）老年金融服务：开发适合老年人的金融产品，如养老保险、理财产品等，为老年人提供财富管理和增值服务

3.2.3 养老产业双重属性的平衡

养老产业作为兼具民生保障与商业盈利属性的特殊领域，其健康发展对于应对人口老龄化、提升社会福利水平以及促进经济增长都有重要意义。为了实现养老产业双重属性的平衡与协调发展，需要从政策引导与支持、企业履行社会责任以及公私合作与共赢等多个方面入手。

3.2.3.1 政策引导与支持

政府应出台相关政策，如提供税收优惠、财政补贴等，鼓励社会资本进入养老产业；同时加强监管，确保服务质量，具体措施如表 3-6 所示。

表 3-6　政策引导与支持的措施

序号	措施	具体说明
1	鼓励社会资本进入	（1）政策激励：政府应出台一系列政策，如税收优惠、财政补贴、土地供应等，鼓励社会资本进入养老产业。这些政策可以降低企业的运营成本、提高投资回报率，吸引更多的社会资本进入养老产业 （2）放宽市场准入条件：政府应放宽养老产业的市场准入条件，降低门槛，允许更多的企业和组织参与其中。这样有助于增加养老服务的供给，提高服务质量
2	加强监管	（1）建立监管机制：政府应加强对养老产业的监管，建立健全监管机制，确保服务质量和安全，包括养老机构的资质审核、服务质量的监督检查、违法行为的处罚等 （2）制定行业标准：政府应制定养老产业的相关标准和规范，明确服务内容、服务质量、服务价格等方面的要求。这样有助于规范市场秩序，保护老年人的合法权益
3	推动产业创新与发展	（1）支持技术研发：政府应支持养老产业的技术研发和创新，鼓励企业开发适老化产品与智能化服务，提高养老服务的效率和质量 （2）促进产业升级：政府应推动养老产业的升级和转型，鼓励企业向高端化、智能化、绿色化方向发展，提高养老产业的附加值和竞争力

3.2.3.2　企业履行社会责任

企业在追求商业盈利的同时，应积极履行社会责任，注重品牌建设和服务创新，提供符合老年人需求的高品质产品和服务，具体措施如表 3-7 所示。

表 3-7　企业履行社会责任的措施

序号	措施	具体说明
1	注重品牌建设	（1）树立品牌形象：企业应注重品牌建设，树立良好的品牌形象和口碑。可通过提供高品质的产品和服务，赢得老年人的信任和认可，从而扩大市场份额 （2）加强品牌宣传：企业应加强宣传和推广，提高品牌的知名度和美誉度，可以通过广告、公关、社交媒体等多种渠道实现
2	服务创新与质量提升	（1）满足多样化需求：企业应关注老年人的多样化需求，提供个性化的产品和服务。比如，针对不同年龄段、不同健康状况的老年人，提供定制化的养老服务方案 （2）提高服务质量：企业应注重服务质量，加强员工培训和管理，确保服务流程规范、服务态度热情、服务技能专业。同时，企业还应建立客户反馈机制，及时了解老年人的需求和意见，不断改进服务质量

续表

序号	措施	具体说明
3	履行社会责任	（1）关注老年人福祉：企业在追求商业盈利的同时，还应关注老年人的福祉和利益。通过提供公益服务、参加慈善活动等方式，回馈社会，增强企业的社会责任感和公信力 （2）推动可持续发展：企业应注重可持续发展，关注环境保护和资源节约，比如，推广绿色建筑、使用环保材料、开展节能减排活动等

3.2.3.3 公私合作与共赢

政府和社会资本应加强合作，共同推动养老产业的发展。通过公私合作模式，可以充分发挥政府和社会资本的优势，实现资源共享、风险共担、利益共赢，具体措施如表 3–8 所示。

表 3–8 公私合作与共赢的措施

序号	措施	具体说明
1	发挥政府与社会资本的优势	（1）政府引导与监管：政府在养老产业中应发挥引导和监管作用，制定相关政策、规划和标准，提供公共服务和基础设施支持。同时，政府还应加强对养老产业的监管和评估，确保服务符合质量和安全标准 （2）社会资本投入与运营：社会资本在养老产业中应提供资金、技术和管理经验等方面的支持。通过与社会资本合作，政府可以引入更多的资源和力量，推动养老产业不断发展
2	资源共享与风险共担	（1）资源共享：政府和社会资本应加强合作，实现资源共享。比如，政府可以提供土地、资金等公共资源支持养老产业的发展；社会资本则可以提供技术、管理等方面的支持 （2）风险共担：在养老产业的发展过程中，政府和社会资本应共同承担风险。比如，当养老产业面临市场波动、政策变化等风险时，政府和社会资本应共同应对，以减轻单一主体的风险压力
3	实现共赢	（1）经济效益与社会效益并重：政府和社会资本在合作过程中应注重经济效益与社会效益的双赢。通过提供高品质的养老服务、开发适老化产品，可实现商业盈利，同时也能满足老年人的多样化需求，提升社会福利水平 （2）建立长期合作关系：政府和社会资本应建立长期稳定的合作关系，共同推动养老产业的持续发展。通过签订合作协议、建立合作机制等方式，确保双方长期、稳定地合作下去

第 2 部分

路径创新——构建商业化突围矩阵

第4章 商业模式革新：从单一到完整生态的跨越

学习目标

在人口老龄化浪潮席卷全球的当下，银发经济正从边缘走向主流，成为推动社会经济发展的新引擎。从单一的产品与服务到一个生态系统的构建，企业需要以更开放的思维、更精准的产品定位应对时代的需求，重新定义银发经济的边界。

4.1 产业链整合：产业链协同发展模式

银发经济产业链是一个涉及多个领域的综合性体系，包括但不限于养老服务、健康管理、教育培训、文化娱乐以及金融理财等内容。这些领域相互关联，共同构成了银发经济的完整生态。

4.1.1 产业链整合的定义

产业链整合模式是指通过一系列策略和手段，将产业链上下游的资源进行有效整合，实现资源的共享和优势互补。这种整合不限于企业之间的合作，还包括企业内部不同部门之间的协同，以及企业与外部机构、政府等方面的合作。

4.1.2 产业链整合的目标

产业链整合的目标如图 4-1 所示。

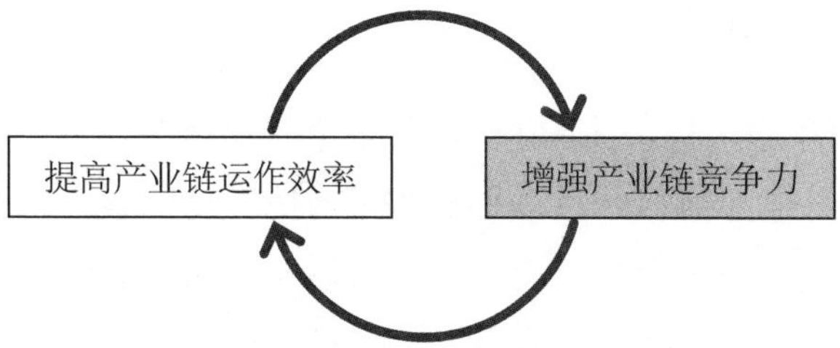

图 4-1　产业链整合的目标

4.1.2.1　提高产业链运作效率

产业链整合的核心目标之一是提高整个产业链的运作效率。银发经济这一复杂而多元的领域，涉及多个环节，各环节之间若不能有效协同，极易导致重复劳动和资源浪费。通过产业链整合，可以打破这些壁垒，实现资源的优化配置和高效利用，具体如表 4-1 所示。

表 4-1　提高产业链运作效率的体现

序号	体现	具体说明
1	消除重复劳动	在传统的银发经济产业链中，不同企业可能各自为政，重复开展市场调研、客户开发等工作，造成大量的人力、物力和时间浪费。通过整合，企业可以共享市场信息、客户资源，避免重复劳动，将更多精力投入到核心业务中
2	减少资源浪费	产业链整合有助于企业更精准地把握市场需求，避免盲目生产和投资。比如，养老服务企业与健康管理企业合作，可以共享健康数据，根据老年人的实际状况提供定制化的服务，减少不必要的资源浪费
3	提升服务效率	通过整合产业链资源，企业可以更加高效地响应市场需求，提供更精准和高效的服务。比如，养老服务企业与医疗机构合作，可以建立快速转诊机制，为老年人提供及时有效的医疗救治，提升服务效率和质量

比如，养老服务企业与健康管理企业合作，共享客户资源和健康数据，可以为老年人提供更加个性化的健康管理方案。健康管理企业可以根据老年人的健康数据，制定适合的饮食、运动计划，并提供定期的健康监测和咨询服务。养老服务企业则可以根据这些方案，为老年人提供更加贴心的生活照料和护理服务，从而提高整个产业链的运作效率。

4.1.2.2 增强产业链竞争力

产业链整合的另一个重要目标是增强整个产业链的竞争力。在激烈的市场竞争中，单打独斗的企业往往难以形成规模效应和协同效应，不能在市场中占据优势地位。通过产业链整合，企业之间可以共同研发新产品、新技术，提高服务质量和水平，形成强大的竞争力，具体如表 4-2 所示。

表 4-2 增强产业链竞争力的体现

序号	体现	具体说明
1	形成规模效应	产业链整合有助于企业扩大规模，降低生产成本，提高市场竞争力。比如，多个养老服务企业通过整合，可以共同采购养老设备、用品等，降低采购成本；同时，通过共享客户资源和服务网络，可以扩大服务范围，提高市场占有率
2	产生协同效应	产业链整合可以促使企业之间形成紧密的合作关系，实现资源共享、优势互补。比如，养老服务企业可以与教育培训企业合作，共同开展老年教育项目，提升老年人的文化素养和生活质量；同时，教育培训企业也可以借助养老服务企业的客户资源和服务网络，扩大自身的影响力
3	提升服务质量和水平	通过整合资源，各企业可以共同研发新产品、新模式，提高服务质量和水平。比如，在银发经济产业链中，企业之间可以共同研发智能化、人性化的养老设备和服务模式，满足老年人多样化的需求；同时，加强员工培训和管理，提高服务人员的专业素养和服务意识，为老年人提供更加优质的服务

比如，多家养老服务企业、健康管理企业以及金融机构通过整合，可以共同打造一个综合性的银发经济服务平台。在这个平台上，老年人可以享受一站式养老服务、健康管理、金融理财服务。

4.1.3 产业链整合的意义

产业链整合对于银发经济的发展具有深远且重要的意义，它不仅关乎产业链本身的优化升级，更对银发经济的可持续发展产生积极影响，具体如图 4-2 所示。

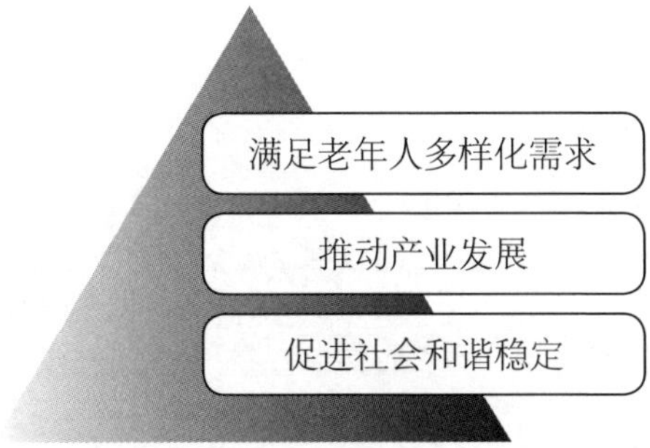

图 4-2　产业链整合的意义

4.1.3.1　满足老年人多样化需求

银发经济产业链涉及多个领域，产业链整合能够将不同领域的资源进行融合，为老年人提供一站式、个性化的服务，更好地满足他们的需求。

4.1.3.2　推动产业发展

产业链整合有助于促进银发经济各领域的协同发展，形成产业集群效应。通过整合上下游资源，可以降低企业的运营成本，提高企业的创新能力和市场竞争力，推动整个产业的升级和发展。

4.1.3.3　促进社会和谐稳定

银发经济的发展关系到老年人的生活质量和社会的和谐稳定。产业链整合能够提高养老服务的供给效率，让老年人享受到更好的服务，减轻家庭和社会的养老负担，促进社会和谐稳定发展。

4.1.4　产业链整合的实施路径

产业链整合的实施是推动银发经济高质量发展的关键。为了实现产业链的高效协同与资源的优化配置，需从图 4-3 所示的几个方面入手。

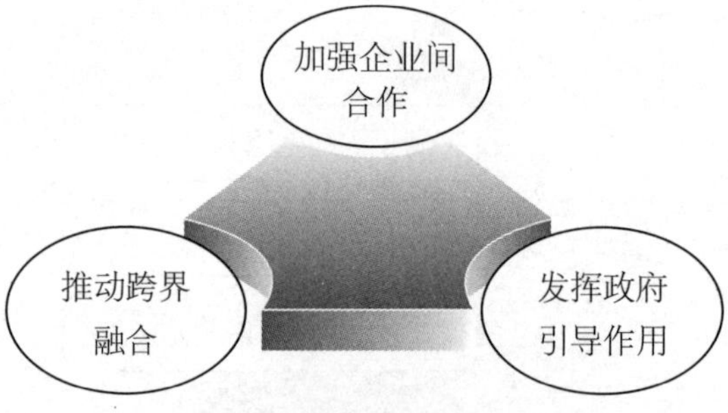

图 4-3　产业链整合的实施路径

4.1.4.1　加强企业间合作

产业链整合需要产业链上下游企业之间建立紧密的合作关系，共同开发市场、分享资源、分担风险，具体措施如表 4-3 所示。

表 4-3　加强企业间合作的措施

序号	措施	具体说明
1	建立紧密合作关系	产业链上下游企业之间应建立紧密的合作关系，形成利益共同体。这种合作不限于业务往来，应深入到战略层面，企业之间应共同制定发展规划，明确各自在产业链中的角色和定位。比如，养老服务企业与医疗机构、健康管理公司、康复器械生产商等建立长期稳定的合作关系，共同为老年人提供全方位、连续性的健康养老服务
2	共同开发市场	企业间应共同开发市场，挖掘潜在需求，通过联合营销、共享客户资源等方式，扩大市场份额。比如，养老服务企业可以与旅游公司合作，推出适合老年人的旅游线路和产品，满足他们的出行需求，同时带动相关产业的发展
3	分享资源、分担风险	在合作过程中，企业之间应做到资源共享和风险共担。比如，养老服务企业与金融机构合作，共享客户信用信息，为老年人提供定制化的金融产品和服务，既满足了老年人的理财需求，又降低了金融机构的风险。同时，企业间还可以通过联合采购、共享物流等方式降低成本、提高整体竞争力

4.1.4.2　推动跨界融合

产业链整合需推动不同领域的企业进行跨界融合，创新服务模式和产品形态，具体措施如表 4-4 所示。

表 4-4　推动跨界融合的措施

序号	措施	具体说明
1	鼓励不同领域企业跨界合作	银发经济涉及多个领域，应鼓励不同领域的企业进行跨界合作，打破行业壁垒，创新服务模式和产品形态。比如，健康管理机构可以与文化娱乐企业合作，推出兼具健康监测、运动指导、文化娱乐等功能的综合性产品，满足老年人的多重需求
2	创新服务模式和产品形态	跨界融合应注重创新，开发出符合老年人需求的新服务模式和产品形态。比如，利用互联网技术，研发智能养老设备和服务平台，实现远程健康监测、紧急救援、生活照料等功能的集成；结合老年人的兴趣爱好，推出老年教育、老年旅游、老年社交等新型服务产品，丰富老年人的精神文化生活
3	促进产业协同发展	跨界融合应注重产业之间的协同发展，形成良性互动。比如，养老服务企业可以与教育培训机构合作，为老年人提供学习的机会；同时，教育培训机构也可以为养老服务企业输送专业人才，提高服务质量和水平

4.1.4.3　发挥政府引导作用

政府应出台相关政策，助力产业链整合，为银发经济提供良好的政策环境和市场氛围；同时，还可以搭建公共服务平台，促进产业链上下游企业的交流与合作，具体措施如表 4-5 所示。

表 4-5　发挥政府引导作用的措施

序号	措施	具体说明
1	出台相关政策	政府应出台相关政策，支持产业链的整合。比如，制定税收优惠、财政补贴等政策，鼓励企业加大在银发经济领域的投入；建立产业投资基金，为产业链整合提供资金支持；完善相关法律法规，保障老年人的合法权益，为银发经济提供良好的法治环境
2	搭建公共服务平台	政府应搭建公共服务平台，促进产业链上下游企业的交流与合作。比如，建立银发经济产业信息库，提供市场供需、政策法规、技术创新等方面的信息；举办银发经济产业博览会、研讨会等活动，为企业搭建展示成果、交流合作的平台；建立行业标准和质量认证体系、提高银发经济产业的整体水平和竞争力

续表

序号	措施	具体说明
3	加强监管与评估	政府应加强对银发经济产业的监管与评估，确保产业链整合健康推进。比如，建立健全市场准入和退出机制，规范市场秩序；加强对产业链各环节的监管，保障老年人的合法权益；定期对产业链整合的效果进行评估，及时调整和完善相关政策措施

4.2 平台化运营：平台驱动的运营策略

平台化运营是指通过搭建综合性的服务平台，将银发经济产业链上的各个环节紧密连接起来，实现资源的优化配置和高效利用。

4.2.1 平台化运营的核心

4.2.1.1 综合性服务平台

平台化运营的核心是构建一个集多种功能于一体的综合性服务平台，整合银发经济产业链上的养老服务、健康管理、教育培训、文化娱乐、金融理财等各个环节。通过这一平台，老年人及其家属可以方便地获取所需的服务和产品，同时企业也能更高效地触达目标客户群体。

4.2.1.2 资源优化配置

平台化运营通过大数据、云计算等先进技术，对银发经济产业链上的资源进行精准优化和配置。这样有助于减少资源浪费，提高资源利用效率，降低企业运营成本，提升服务质量和客户满意度。

4.2.2 平台化运营的发展前景

平台化运营在银发经济中的发展前景如图 4-4 所示。

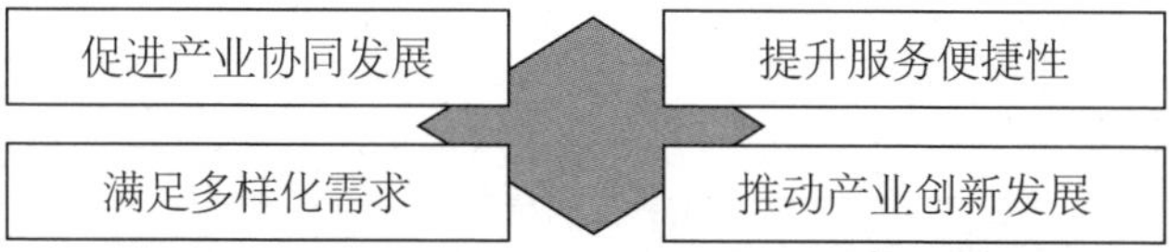

图 4-4　平台化运营在银发经济中的发展前景

4.2.2.1　促进产业协同发展

平台化运营能够打破银发经济产业链上的信息壁垒，促进各环节协同合作。

比如，养老服务企业可以通过平台与医疗机构、康复器械生产商等建立合作关系，共同为老年人提供全方位的健康养老服务。

4.2.2.2　满足多样化需求

随着老年人口数量的增加和老龄化程度的加深，老年人对养老服务、健康管理、教育培训等方面的需求日益多样化。平台化运营能够整合各方资源，提供丰富多样的服务和产品，满足老年人不同层次的需求。

4.2.2.3　提升服务便捷性

通过平台化运营，老年人可以更加便捷地获取所需的服务和产品。

比如，他们可以通过手机 APP 或网站一键预约养老服务、健康咨询服务、文化娱乐活动，既节省了时间，又免去了出门寻找的麻烦。

4.2.2.4　推动产业创新发展

平台化运营为银发经济产业链上的企业提供了创新的空间和机会。企业可以通过平台与科研机构、高校等合作，共同研发新产品、新技术，推动银发经济的创新发展。

4.2.3　平台化运营的实施策略

平台化运营的实施旨在构建一个高效、便捷、安全且友好的服务平台，满足老年人及其家属的多样化需求，具体策略如图 4-5 所示。

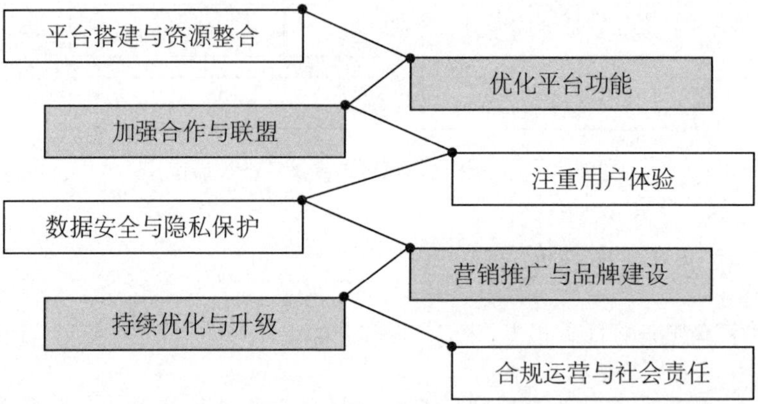

图 4-5　平台化运营的实施策略

4.2.3.1　平台搭建与资源整合

构建银发经济平台，首先要明确平台的核心定位，然后广泛整合资源，丰富平台的内容，以满足老年人的多元化需求，具体措施如表 4-6 所示。

表 4-6　平台搭建与资源整合的措施

序号	措施	具体说明
1	技术选型与架构设计	选择稳定、可扩展的技术，如云计算和微服务等，确保平台能够处理大量请求并快速响应。采用响应式架构设计，确保平台在各种设备上都能兼容
2	资源整合与接入	与养老服务、健康管理、教育培训、文化娱乐、金融理财等领域的优质服务商建立合作关系，将他们的服务整合到平台上。通过 API 接口或数据对接方式，实现服务的无缝接入和统一管理
3	标准化服务接入	制定统一的服务接入标准和接口规范，确保各类服务能够无缝对接到平台上。同时，对服务提供商进行资质审核和信誉评估，确保服务的质量和安全性
4	数据共享与协同	建立数据共享机制，促进产业链上下游企业之间的数据传输和协同。比如，养老服务企业可以与医疗机构共享老年人的健康数据，为老年人提供更加精准的健康管理服务

4.2.3.2　优化平台功能

充分考虑老年人的操作习惯和需求，设计简洁易懂的平台界面，并根据老年人的浏览历史、消费记录，精准推送服务与产品，提升服务精准度与用户满意度，具体措施如表 4-7 所示。

表 4-7　优化平台功能的措施

序号	措施	具体说明
1	功能模块设计	将平台功能划分为多个模块，如服务预约、健康管理、社交互动、在线学习等，每个模块都应独立开发、测试和维护，以便后续的功能扩展和升级
2	服务流程优化	简化服务流程，减少老年人的操作步骤，比如一键预约、在线支付等功能。同时，建立服务跟踪和反馈机制，确保服务的质量和及时性
3	智能化推荐	利用人工智能和机器学习技术，对老年人的行为数据进行分析和挖掘，实现智能化推荐。比如，根据老年人的浏览历史和购买记录，推荐符合其兴趣和爱好的服务
4	多语言与无障碍支持	考虑到老年人可能存在的语言障碍和特殊需求，平台应提供多语言支持和无障碍功能，比如语音翻译、手语视频等，确保老年人能够顺畅地使用平台

4.2.3.3　加强合作与联盟

积极与上下游企业建立战略合作伙伴关系，并与其他平台开展联盟合作，实现资源共享、用户互推，具体措施如表 4-8 所示。

表 4-8　加强合作与联盟的措施

序号	措施	具体说明
1	产业链上下游合作	与养老服务企业、医疗机构、康复器械生产商等建立紧密的合作关系，共同为老年人提供全方位的服务，提高服务质量和效率
2	建立产业联盟	与产业链上下游企业、科研机构、高校等共同建立银发经济产业联盟，开展技术创新、标准制定、市场拓展等工作，促进银发经济产业健康发展
3	跨界融合与创新	鼓励不同领域的企业进行跨界合作，创新服务模式和产品形态，满足老年人的多元化需求
4	成功案例分享	积极分享跨界合作的成功案例和经验，鼓励更多企业参与到银发产业运营中来。比如，可以组织跨界合作论坛、研讨会等活动，促进企业之间的交流和合作

4.2.3.4 注重用户体验

定期开展用户调研，通过问卷调查、电话回访、社区座谈等形式，收集老年人对平台的意见和建议，并根据反馈，不断优化平台功能和服务，具体措施如表 4-9 所示。

表 4-9 注重用户体验的措施

序号	措施	具体说明
1	界面设计与交互优化	采用大字体、高对比度颜色、简洁明了的图标和布局，确保老年人能够轻松上手。同时提供语音导航、手势操作等辅助功能，降低平台使用门槛
2	个性化服务推荐	根据老年人的健康状况、兴趣爱好、消费习惯等，利用大数据分析技术，提供个性化的服务推荐，提升用户的黏性和满意度
3	用户教育与培训	平台应提供用户教育和培训服务，比如视频教程、专家讲座等，帮助老年人掌握平台的使用方法和技巧
4	情感化设计	在平台设计中融入情感元素，如温馨的界面风格、亲切的语音提示等，增强老年人的归属感和满意度。同时，建立用户反馈机制，及时响应老年人的需求和问题

4.2.3.5 数据安全与隐私保护

采用先进的加密技术，确保用户数据传输与存储安全，防止信息泄露，具体措施如表 4-10 所示。

表 4-10 数据安全与隐私保护的措施

序号	措施	具体说明
1	数据安全与加密	采用先进的加密技术，确保个人信息和交易数据的安全。建立数据备份和恢复机制，防止数据丢失或损坏
2	明确隐私政策	明确隐私政策，向老年人清晰说明平台如何收集、使用、存储其个人信息，并承诺未经用户许可，绝不滥用用户数据
3	安全审计与监控	定期对平台进行安全审计和监控，及时发现和处理潜在的安全隐患。同时，建立应急响应机制，确保在发生安全事件时能够快速响应
4	加强宣传	加强宣传，提高老年人的隐私保护意识，帮助老年人了解如何保护自己的个人信息

4.2.3.6　营销推广与品牌建设

针对老年群体的特点，选择合适的营销渠道，打造具有亲和力、信任感的品牌形象，并通过正面的口碑传播，提升品牌的影响力，具体措施如表 4-11 所示。

表 4-11　营销推广与品牌建设的措施

序号	措施	具体说明
1	多渠道营销	利用线上线下结合、社交媒体推广、合作伙伴营销等多种方式，提高平台的知名度和曝光率
2	精准营销	利用大数据和人工智能技术，对老年人进行画像和细分，实现精准营销。比如，根据老年人的年龄、性别、地域、兴趣等特征，推送符合其偏好的服务和产品信息
3	品牌塑造与传播	塑造平台的品牌形象，强调平台的可靠性、专业性和服务性，并通过优质服务和良好口碑，提升平台的知名度和美誉度
4	品牌故事分享	通过讲述品牌故事、分享用户案例等方式，传播品牌的理念和价值观。同时，积极参与社会公益活动，提升品牌的社会形象和影响力

4.2.3.7　持续优化与升级

密切关注市场动态、技术发展趋势以及老年人的需求变化，定期对平台进行优化与升级，使平台始终保持竞争力，适应不断发展的银发经济市场，具体措施如表 4-12 所示。

表 4-12　持续优化与升级的措施

序号	措施	具体说明
1	用户反馈收集与分析	建立用户反馈渠道，如在线客服、意见箱、用户调查等，及时收集老年人的意见和建议。并对用户反馈进行整理和分析，为平台的优化和升级提供依据
2	用户参与式设计	鼓励老年人参与平台的设计和优化，比如组织用户测试、举办用户反馈会议等，让老年人成为平台优化的重要参与者
3	技术更新与功能升级	持续关注行业前沿技术，如人工智能、物联网等，定期对平台进行技术更新和功能升级，提高平台的运营效率

4.2.3.8　合规运营与社会责任

遵守相关法律法规，确保平台运营符合政策要求；积极履行社会责任，参与老年群体权益保护的宣传，推动全社会关注老年人的需求，营造良好的银发经济发展环境，具体措施如表 4–13 所示。

表 4–13　合规运营与社会责任的措施

序号	措施	具体说明
1	遵守法律法规	严格遵守国家相关法律法规和政策要求，确保平台合法合规运营。积极响应政府号召，参与银发经济相关政策和标准的制定
2	履行社会责任	关注老年人的社会福祉，积极参与公益事业和慈善活动，通过平台运营，推动银发经济产业健康发展和社会进步。比如，组织志愿者为老年人提供线上线下的帮助和支持，或者与慈善机构合作开展关爱老年人的活动

4.3　会员订阅制：会员制与订阅制商业模式

在银发经济领域，会员制与订阅制的融合成为一种创新趋势。这种融合模式不仅满足了老年人多样化、持续性的需求，还为企业带来了稳定的收入来源和更高的客户满意度。

4.3.1　会员制的定义与特点

4.3.1.1　会员制的定义

在银发经济领域，会员制是企业专门针对老年消费群体设计的一种商业模式。其核心目的在于吸引老年人成为会员，并让他们享受一系列非会员无法获得的专属优惠和特权。这种制度不仅满足了老年人对高品质、个性化服务的需求，也为企业获得稳定的客户群体、提升品牌忠诚度提供了有效途径。

4.3.1.2　会员制的特点

会员制具有图 4–6 所示的特点。

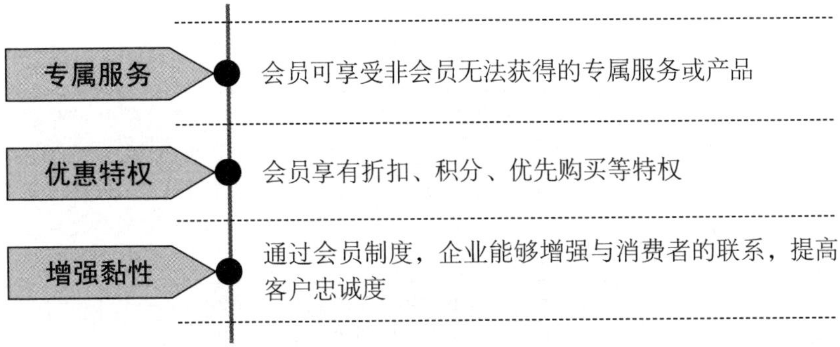

图 4-6　会员制的特点

4.3.2　会员制的实施方式

在银发经济中，会员制的实施方式多种多样，旨在满足老年人的多样化需求，提升他们的生活质量，并增强企业与老年消费者之间的联系，具体如图 4-7 所示。

图 4-7　会员制的实施方式

4.3.2.1　健康管理服务

健康管理服务是指为会员提供的定期健康检查、健康咨询与指导、个性化健康计划等服务，具体如表 4-14 所示。

表 4-14　健康管理服务

序号	要点	具体说明
1	定期健康检查	企业可以与医疗机构合作，为会员提供定期的健康检查服务，如血压、血糖、血脂检测，以及心电图、B 超等常规检查。通过定期健康检查，老年人可以及时了解自己的身体状况，预防潜在的健康问题。同时，企业也可以根据检查结果，为会员提供有针对性的健康建议

续表

序号	要点	具体说明
2	健康咨询与指导	设立健康咨询热线或在线平台，为会员提供专业的健康咨询服务；邀请医生、营养师等专业人士为会员解答健康疑问，提供饮食、运动等方面的指导。这样可以帮助老年人更好地管理自己的健康，提高生活质量；同时，也能增强会员对企业的信任感和依赖度
3	个性化健康计划	根据会员的健康状况和需求，为其制定个性化的健康计划，包括饮食、运动、作息等方面。个性化健康计划能够更精准地满足老年人的需求，提高健康管理的效果；同时，也能让会员感受到企业的专业性和关怀

4.3.2.2 组织社交活动

企业可以组织会员参加各类社交活动，如旅游、兴趣小组、讲座等，丰富老年人的精神文化生活，具体如表 4–15 所示。

表 4–15 组织社交活动

序号	要点	具体说明
1	旅游活动	组织会员参加各类旅游活动，如国内游、出境游等，根据会员的兴趣和需求，设计不同的旅游线路和行程。旅游活动可以丰富老年人的精神生活，拓宽视野，增进老年人之间的交流和友谊，同时，也能为企业带来额外的收入
2	兴趣小组	根据会员的兴趣爱好，成立各类兴趣小组，如书法、绘画、摄影、舞蹈等，并定期举办小组活动，让会员从中找到乐趣和归属感。兴趣小组可以促进会员之间的交流和互动，增强他们的社交能力，同时，也能让会员在参与活动的过程中感受到成就感和满足感
3	讲座与培训	邀请专家、学者为会员开展各类讲座和培训活动，如健康知识讲座、养生技能培训、法律知识普及等。讲座与培训可以提高会员的知识水平，增强他们的自我保护意识和能力，同时，也能让会员感受到企业的社会责任感

4.3.2.3 专属优惠与折扣

企业可以为会员提供购物、医疗、旅游等方面的专属优惠和折扣，降低会员的生活成本，具体如表 4–16 所示。

表 4-16　专属优惠与折扣

序号	要点	具体说明
1	购物优惠	与商家合作，为会员提供购物优惠和折扣。会员在合作商家消费时，可以享受一定的价格优惠或积分奖励。购物优惠能降低老年人的生活成本，提高他们的购买意愿和忠诚度，同时，也能促进企业与商家之间的合作和共赢
2	医疗优惠	与医疗机构合作，为会员提供医疗优惠和折扣。会员在合作的医疗机构就诊时，可以享受一定的费用减免或优先服务。医疗优惠可以减轻会员的医疗负担，同时，也能增强会员对企业的信任感和依赖度
3	旅游折扣	与旅游机构合作，为会员提供旅游折扣和优惠。会员在合作的旅游机构消费时，可以享受一定的价格优惠或增值服务。旅游折扣可以降低老年人的旅游成本，提高他们的旅游意愿和参与度，同时，也能促进企业与旅游机构之间的合作和发展

4.3.3　订阅制的定义与特点

4.3.3.1　订阅制的定义

订阅制是指企业定期向老年消费者提供特定的产品或服务并收取一定费用的商业模式。这种模式旨在满足老年人持续、稳定的需求，同时为企业提供可预测的收入。订阅制在银发经济中的应用，不仅简化了老年人的消费决策过程，还提升了他们的生活质量，促进了银发经济的持续发展。

4.3.3.2　订阅制的特点

订阅制具有如图 4-8 所示的特点。

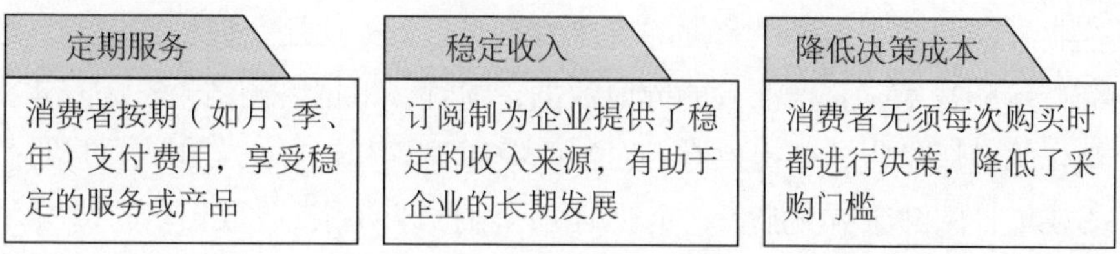

图 4-8　订阅制的特点

4.3.4 订阅制的实施要点

订阅制的实施要点如图 4-9 所示。

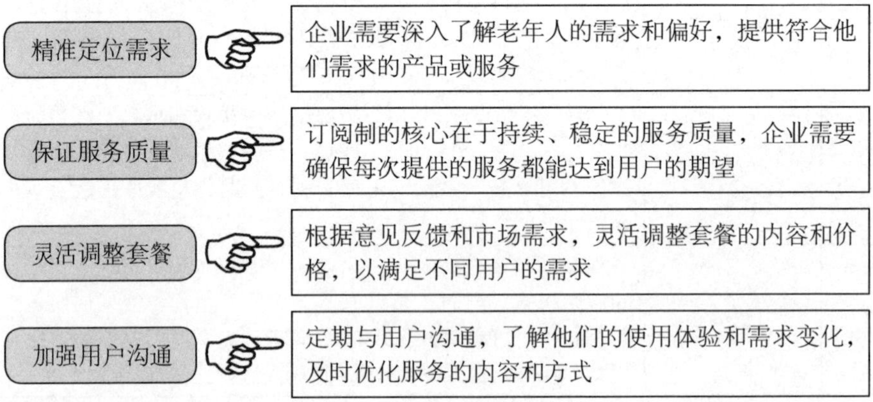

图 4-9 订阅制的实施要点

4.3.5 订阅制的实施方式

订阅制在银发经济中的实施方式主要有图 4-10 所示的几种。

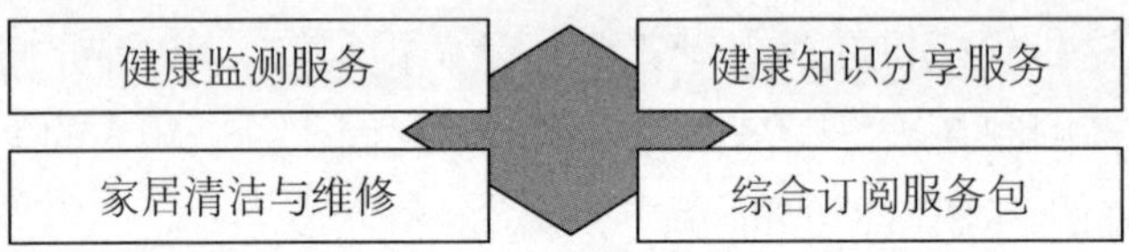

图 4-10 订阅制的实施方式

4.3.5.1 健康监测服务

企业可以为老年人提供定期的健康监测服务，如血压、血糖监测等。通过专业的设备和技术，获得准确的健康数据，同时，根据监测结果，为老年人生成个性化的健康报告，并提供有针对性的健康建议和指导。老年人可以选择按月、季或年订阅健康监测服务，企业则可以根据订阅周期收取相应的费用。

4.3.5.2 家居清洁与维修

企业可以为老年人提供定期的家居清洁服务，包括扫地、拖地、擦窗、整理物品等，也可以针对老年人家中的家具、电器等设备进行定期的检查和维修。企业应根据老年人的需求和预算，提供不同的订阅套餐，如基础清洁套餐、全面清洁加维修套餐等。

4.3.5.3　健康知识分享服务

企业可以为老年人提供在线课程，如书法、绘画、摄影、烹饪等，满足他们的学习需求。也可以邀请专家为老年人举办健康讲座，涵盖养生、保健、疾病预防等方面知识，帮助老年人更好地管理自己的健康。

4.3.5.4　综合订阅服务包

除了上述单一的服务外，企业还可以推出综合订阅服务包，将健康监测、家居清洁与维修、健康知识分享等多种服务整合在一起，为老年人提供一站式的解决方案。这种综合订阅服务包可以满足老年人多样化的需求，提高他们的生活便利性和满意度。

4.3.6　会员制与订阅制的区别

会员制与订阅制的区别主要如表 4-17 所示。

表 4-17　会员制与订阅制的区别

类别	会员制	订阅制
服务形式	提供专属服务和优惠特权	定期提供产品或服务
收入模式	一次性或周期性的会员费	通过定期的服务收费
用户黏性	两者都能增强用户黏性，但会员制能通过更多的专属服务和特权与用户建立更紧密的联系	

4.3.7　会员制与订阅制的融合

4.3.7.1　融合模式的认知

企业可以将会员制与订阅制相结合，为会员提供定期的服务，同时让会员享受专属的优惠和特权。这种融合模式将两种制度的优势结合在一起，为老年人提供更加全面、便捷的服务体验。

4.3.7.2 融合的优势

在银发经济中，会员制与订阅制融合具有图 4-11 所示的优势。

提升客户满意度	增强企业竞争力	促进服务创新
会员制与订阅制融合，能够提升会员的消费体验，满足他们多样化、持续性的需求。会员在享受定期服务的同时，还能获得专属的优惠和特权，从而增强了他们的归属感和满意度	通过提供个性化的服务和专属的优惠特权，能够吸引更多老年人成为会员并订阅服务。这样有助于企业在激烈的市场竞争中脱颖而出，建立品牌优势	会员制与订阅制融合，促进企业不断创新服务内容和形式，以满足老年人不断变化的需求。企业需要研发新的服务产品、优化服务流程、提升服务质量，吸引并留住会员

图 4-11 会员制与订阅制融合的优势

4.3.7.3 融合的实施方式

（1）定期服务 + 专属优惠。企业为会员提供定期的服务，如健康监测、家居清洁、知识共享等。同时，会员在享受这些服务时，还能获得专属的优惠和特权，如折扣、积分、优先购买权等。

比如，一家老年健康管理公司为会员提供每月一次的健康监测服务，会员享受服务的同时，购买其他健康产品还可以获得折扣优惠。

（2）个性化服务定制。结合会员制与订阅制，企业能够更精准地了解老年人的需求，为他们提供更具个性化的服务。企业可以根据会员的健康状况、兴趣爱好、消费习惯等因素，定制专属的服务套餐。

比如，一家老年旅游公司为会员提供个性化的旅游线路定制服务，根据会员的身体状况、旅游偏好和预算，为他们量身打造专属的旅游行程，并提供全程的贴心服务。

（3）积分与奖励体系。企业可以建立积分与奖励体系，鼓励会员持续订阅服务并积极参与企业活动。会员在订阅服务、消费产品或参与活动时，能获得积分奖励。积分可用于兑换礼品、服务或享受更多优惠。

比如，一家老年用品商店为会员提供积分奖励服务。会员订阅定期配送的老年用品时，可以获得相应的积分，用积分可以兑换商店内的其他产品或享受购物折扣。

4.3.7.4　融合的挑战与对策

会员制与订阅制融合的挑战与对策如图 4-12 所示。

挑战	对策
数据整合与分析：会员制与订阅制融合，需要整合和分析大量会员数据，以了解老年人的需求和偏好。这就要求企业具备强大的数据处理和分析能力	**加强数据建设**：企业应加大在数据整合与分析方面的投入，建立完善的会员数据管理系统。通过数据分析，深入了解老年人的需求和偏好，为服务创新提供有力支持
服务质量控制：提供个性化的服务，企业需要具备较高的服务质量控制能力，确保每位会员都能享受到高质量、一致的服务体验	**提升服务能力**：企业应加强对服务人员的培训和管理，提高他们的专业素养和服务意识。同时，建立有效的服务监督机制，确保服务质量的稳定性和一致性

图 4-12　会员制与订阅制融合的挑战与对策

第5章 技术赋能路径：数字化与适老化改造

学习目标

当前，数字技术已深度融入人们的生产与生活。科技不应是年轻人的专属，银发一族也应同步享受技术发展的红利。智能化适老产品和服务中增加了更多对老年人的关爱，让老年人真正获得了幸福感与安全感。

5.1 智能居家养老：物联网与AI的应用

在当今社会，随着人口老龄化的加剧，居家养老成了众多老年人的选择。而物联网与人工智能（AI）技术的发展，为居家养老提供了强有力的支持，极大地提升了老年人居家养老的安全性、便利性和舒适性。

5.1.1 智能健康监测

随着人口老龄化的发展，老年人的健康问题备受关注。物联网与AI技术的融合为居家养老的健康监测提供了有力支持，主要应用在图5-1所示的几个方面。

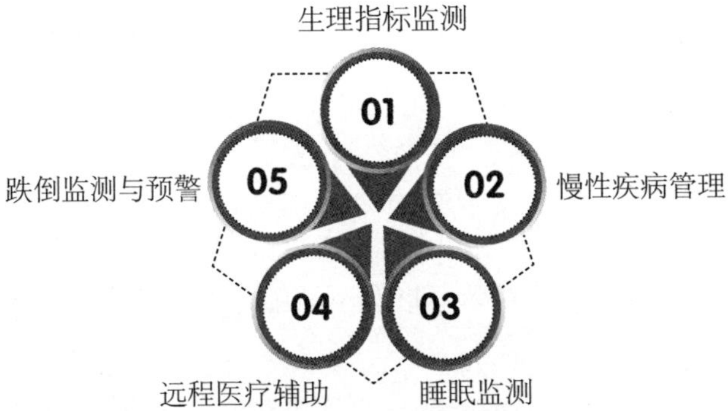

图 5-1　智能健康监测

5.1.1.1　生理指标监测

在老年人生理指标监测方面，各类可穿戴设备（如智能手环、智能手表、智能贴片等）发挥着重要作用。这些设备能够实时采集老年人的心率、血压、血氧饱和度、体温等生理数据，并通过物联网技术传输至云端或移动终端。AI 算法对这些数据进行分析与处理，不仅能实时反馈数据结果，还能根据数据变化趋势进行健康预警。

比如，当老年人的心率突然异常或血压持续超出正常范围时，系统会自动向老人及其家属发送报警信息，以便他们及时采取措施。

5.1.1.2　慢性疾病管理

对于慢性疾病管理，物联网与 AI 技术同样大有可为。智能血糖仪、智能血压计等医疗设备可以与患者的电子健康档案相连接，自动记录测量数据。AI 系统可以基于这些数据为患者制定个性化的治疗方案和健康管理计划，提醒患者按时服药、复诊等。同时，通过对大量患者数据的分析，AI 还能发现疾病的潜在规律，为医疗研究提供有价值的信息。

5.1.1.3　睡眠监测

睡眠监测也是智能健康监测的重要组成部分。智能床垫、睡眠监测器等设备能够监测老年人的睡眠质量，分析睡眠时长、睡眠阶段（浅睡、深睡、快速眼动期等）、翻身次数等数据。AI 系统根据这些数据为老年人提供改善睡眠的建议，如调整作息时间、改善睡眠环境等，有助于提高老年人的睡眠质量和身体健康水平。

5.1.1.4　远程医疗辅助

AI 技术可以结合医学数据库，对老年人日常健康数据进行智能分析，为医生诊断与治疗提供支持，甚至在紧急情况下还能自动呼叫救援。

5.1.1.5　跌倒监测与预警

智能摄像头结合 AI 算法，可以实时监测老年人的活动状态，一旦老人跌倒，系统会立刻向其监护人或护理人员发送报警信息。

5.1.2　智能陪伴与心理支持

老年人在居家养老过程中，往往会产生心理问题。物联网与 AI 技术提供的智能陪伴与心理支持，有效缓解了这些问题，具体应用如图 5-2 所示。

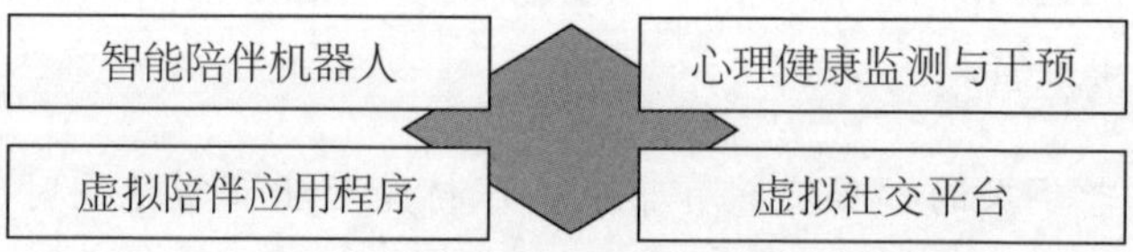

图 5-2　智能陪伴与心理支持

5.1.2.1　智能陪伴机器人

智能陪伴机器人是实现智能陪伴的重要载体。这些机器人具备语音交互、情感识别等功能，能够与老年人进行自然顺畅的对话。它们可以陪老人聊天解闷，分享生活中的趣事，还能根据老人的情绪给予相应的安慰。

比如，当检测到老人情绪低落时，机器人会播放轻松愉快的音乐、讲笑话或励志故事。

5.1.2.2　虚拟陪伴应用程序

虚拟陪伴应用程序也为老年人提供了便捷的交流方式。通过手机、平板电脑等设备，老年人可以随时随地与虚拟形象进行互动。这些虚拟形象可以是老年人熟悉的人物，也可以是具有特定功能的助手。通过讲解历史文化知识、普及健康养生知识等，它们能够满足老年人多样化的需求，不断丰富老年人的精神生活。

5.1.2.3　心理健康监测与干预

AI 心理健康评估系统可以通过分析老年人的语言表达以及行为动作，对老年人的心理健康状况进行评估。一旦发现老年人存在焦虑、抑郁等情绪，系统会及时推送相应的心理干预方案，如心理疏导文章、冥想训练课程等。同时，系统还可以连接专业的心理咨询师，为老年人提供线上心理咨询服务，帮助老年人解决心理困扰。

5.1.2.4　虚拟社交平台

利用物联网技术构建的虚拟社交平台，让老年人能够在线上与亲朋好友交流互动，分享生活点滴。这些平台还提供了兴趣小组、在线课程等功能，极大地丰富了老年人的生活。

5.1.3　智能家居与辅助生活

智能家居系统在居家养老中发挥着越来越重要的作用，为老年人的日常生活提供了极大的便利和帮助，具体应用如图 5-3 所示。

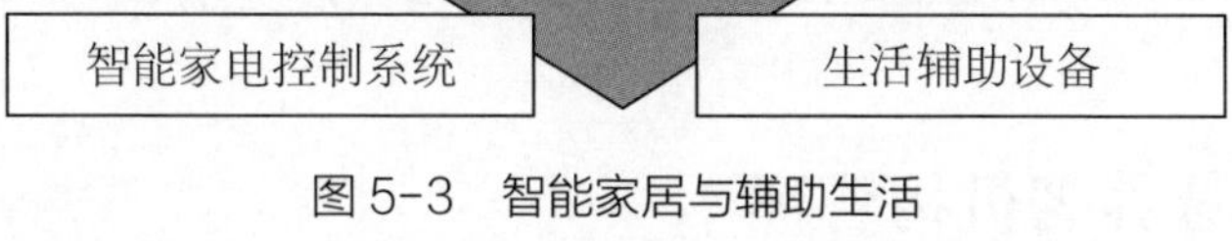

图 5-3　智能家居与辅助生活

5.1.3.1　智能照明系统

智能照明系统可以根据环境的光线和老人的活动需求自动调节灯光的亮度和颜色。

比如，在老人起夜时，床边的感应灯自动亮起，方便老人行动。当老人进入睡眠状态后，灯光自动熄灭，营造舒适的睡眠环境。

5.1.3.2 智能家电控制系统

智能家电控制系统可以让老年人通过语音指令或手机应用远程控制家电设备。老人无须起身，只要说出指令，如“打开空调，温度设置为 26 度”“启动洗衣机”等，家电设备即可自动执行操作。这对于行动不便的老人来说，大大提高了生活的便利性。

5.1.3.3 安全防护系统

安全防护系统是智能家居的重要组成部分。智能门锁、烟雾报警器、燃气泄漏探测器、人体红外传感器等设备通过物联网连接在一起，可实时监测居家环境的安全状况。一旦发生异常情况，如门锁被撬、烟雾浓度超标、燃气泄漏等，系统会立即发出警报，并将信息发送给老人及其家属或相关部门，保障了老年人的生命与财产安全。

5.1.3.4 生活辅助设备

AI 技术驱动的生活辅助设备，如智能助行器、智能轮椅等，帮助老年人更便捷地完成日常活动。这些设备还具备定位、导航等功能，保障了老年人的出行安全。

另外，智能家居系统还可以与智能护理设备相结合，为老年人提供更全面的辅助服务。

比如，智能马桶具备自动清洗、烘干、健康监测等功能，智能电动护理床可以根据老人的需求调整床位高度、角度，为老人提供舒适的体验。

5.1.4 智慧养老机构管理

物联网与 AI 技术不仅在居家养老中发挥着重要作用，也为养老机构的管理带来了便利，具体应用如图 5-4 所示。

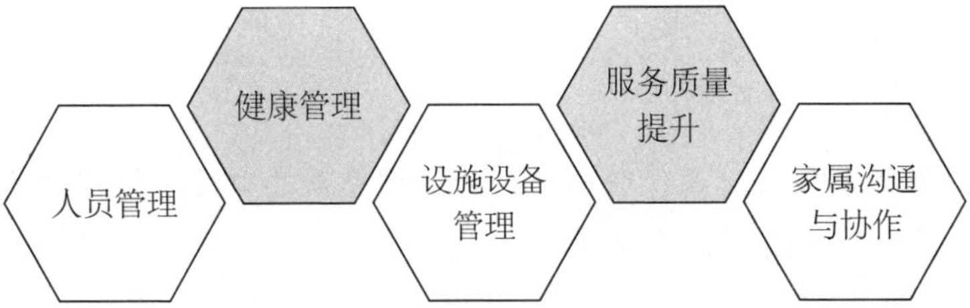

图 5-4　智慧养老机构管理

5.1.4.1　人员管理

通过物联网技术，养老机构可以实时掌握老年人和工作人员的位置信息。定位设备可以让工作人员随时了解老人的活动轨迹，防止老人走失。同时，工作人员的工作状态和位置也能被实时监测，以便于工作任务分配和考勤管理。AI 人脸识别技术则用于门禁系统，确保只有授权人员才能进入养老机构，保障了机构内人员的安全。

5.1.4.2　健康管理

养老机构可以利用物联网设备收集老人的健康数据，并通过 AI 系统进行分析和管理。系统可以为每位老人建立健康档案，详细记录指标变化、疾病史、治疗记录等信息。医护人员可以根据这些数据及时调整老人的护理方案和治疗计划，提供更精准的医疗服务。同时，AI 系统还能对老人的健康状况进行预测，提前发现潜在的健康风险，做到早预防、早治疗。

5.1.4.3　设施设备管理

设施设备管理也是智慧养老机构的重要管理内容。物联网传感器可以实时监测养老机构内设施设备的运行状态，如电梯、空调、水电设备等。一旦设备出现故障或异常，系统会自动报警并通知维修人员进行维修。通过对设备运行数据进行分析，AI 系统还能预测设备的使用寿命和故障点，以便于工作人员提前制定维护计划，保障设备正常运行。

5.1.4.4　服务质量提升

AI 系统可以对老年人的服务评价和意见反馈进行分析，以便于了解老年人的需求和满意度。养老机构则可以根据这些信息优化服务流程，提升服务质量，提供更符合需求的个性化服务。

比如，根据老年人对餐饮服务的评价，调整菜品口味；根据老年人对娱乐活动的反馈，增加或改进相关项目。

5.1.4.5 家属沟通与协作

智慧养老机构通过提供家属沟通平台，让家属能够实时了解老年人的健康和生活情况。家属还可以通过系统对老年人的护理计划进行评估，与养老机构形成紧密的协作关系。

5.2 精准服务营销：大数据驱动的服务策略

在银发经济中，大数据技术为企业实现精准营销和提供个性化服务提供了支持。通过收集和分析老年人的消费行为、兴趣爱好、健康状况等多维度数据，企业可以更深入地了解老年客户的需求和偏好，从而制定更有针对性的营销策略。

5.2.1 深入洞察老年客户需求

企业可以通过线上线下多种渠道收集老年人的数据，然后对这些数据进行整合和分析，挖掘出老年人的潜在需求。

5.2.1.1 数据收集与整合

（1）多渠道数据收集，具体如表 5-1 所示。

表 5-1 多渠道数据收集

序号	渠道	具体说明
1	线上购物记录	通过电商平台，收集老年客户的购物记录，包括购买商品的种类、频率、金额等信息。这些数据能够反映老年客户的消费偏好和购买能力

续表

序号	渠道	具体说明
2	线下消费行为	利用实体店铺的会员系统、POS 机等设备，记录老年客户的线下消费行为，如购买的商品、接受的服务等。线下数据能够补充线上数据的不足，提供更全面的消费画像
3	社交媒体互动	关注老年客户在社交媒体上的互动行为，如点赞、评论、分享等。这些行为能够反映老年客户的兴趣爱好、社交圈子和情感倾向
4	健康监测数据	通过可穿戴设备、家用医疗设备等收集老年客户的健康监测数据，如心率、血压、血糖等。这些数据对于了解老年客户的健康状况和潜在需求至关重要

（2）数据整合与画像构建。将收集到的多渠道数据进行整合，形成全面的老年客户画像，涵盖基本信息（如年龄、性别、地域等）、健康状况、消费习惯、兴趣爱好等多个维度。通过清洗、去重、标准化等处理，可确保数据的准确性和一致性。利用数据可视化工具，将老年客户画像以直观的方式呈现出来，可便于企业进行分析和决策。

5.2.1.2 数据分析与挖掘

（1）大数据分析技术应用。运用大数据分析技术，如关联分析、聚类分析、预测分析等，对老年客户的需求进行深入挖掘。通过关联分析，可发现老年客户购买的商品之间的关联关系，为企业交叉销售和捆绑销售提供了依据。通过聚类分析，可将老年客户划分为不同的群体，便于企业针对每个群体的特点制定个性化的营销策略。

（2）潜在需求识别。基于大数据分析结果，识别出老年客户的潜在需求。

比如，某养老机构通过健康监测数据发现老年客户对健康养生的需求较高，于是推出了相关的健康产品和服务。

企业应关注老年客户在文化、娱乐、旅游等方面的需求，结合市场趋势和老年客户的特点，开发出适合老年客户的产品和服务。

（3）情感分析与客户满意度调查。通过对老年客户在社交媒体上的互动进行情感分析，了解老年客户对产品与服务的满意度和忠诚度。企业应定期开展客户满意度调查，收集老年客户的意见和建议，为改进产品和服务提供依据。

5.2.1.3 需求预测与趋势分析

（1）需求预测。基于历史数据和当前的市场趋势，运用数据模型对老年客户的需求变化进行预测。通过需求预测，企业可以提前调整产品和服务策略，更好地满足老年客户的需求。

> 微视角
>
> 进行需求预测时，应考虑老年人口的结构变化、消费观念的转变及技术进步等因素。

（2）趋势分析。分析银发经济的发展趋势，包括市场规模、增长速度、竞争格局等方面的变化，关注政策环境、技术创新、社会观念等因素对银发经济的影响。通过趋势分析，企业可以把握市场机遇，制定长期战略，保持竞争优势。

（3）数据驱动决策。将需求预测和趋势分析的结果应用于企业的决策过程，确保决策的科学性和准确性。企业应建立数据驱动决策机制，鼓励各部门基于数据进行决策和创新，并定期对决策效果进行评估和反馈，不断优化决策流程和方法。

5.2.2 实现市场精准细分

大数据技术为企业精准细分老年市场提供了有力支持。

5.2.2.1 细分标准制定

（1）多维度细分标准

企业可以按照年龄、性别、健康状况、消费能力、兴趣爱好等因素，制定多维度的市场细分标准，具体如表 5-2 所示。

表 5-2　多维度市场细分标准

序号	标准	具体说明
1	年龄	老年客户群体本身具有较大的年龄跨度，不同年龄段的客户在需求偏好和消费能力上存在差异。比如，60 ~ 70 岁的老年客户可能更注重健康养生和休闲娱乐，而 70 岁以上的老年客户可能更关注医疗护理和居家安全
2	性别	男性和女性客户在需求上也有所不同。比如，老年女性可能更关注美容护肤、服饰搭配，而老年男性则可能更关注健身器材、电子产品
3	健康状况	老年客户的健康状况直接影响其需求。比如，患有慢性疾病的老年客户可能需要更多的医疗护理和健康管理服务，而健康状况较好的老年客户则可能更注重旅游休闲和社交活动
4	消费能力	老年客户的消费能力差异较大，这与其收入水平、储蓄情况、子女支持等因素有关。企业可以根据消费能力将老年客户分为高、中、低三个层次，针对不同层次的客户制定不同的营销策略
5	兴趣爱好	老年客户的兴趣爱好也是市场细分的重要依据。比如，有的老年客户喜欢书法绘画，有的喜欢音乐舞蹈，还有的喜欢旅游摄影等。企业可以根据兴趣爱好将老年客户分为不同的群体，推出符合其需求的产品和服务

（2）制定细分标准的原则，具体如图 5-5 所示。

- 可衡量性：细分标准应该具有可衡量性，即企业能够对数据或指标进行量化评估
- 可进入性：细分后的市场应该具有可进入性，即企业能够通过有效的营销渠道和策略进入该市场
- 可盈利性：细分后的市场应该具有可盈利性，即企业能够在该市场获得足够的利润
- 稳定性：细分标准应该具有一定的稳定性，即在一定时间内保持不变，以便于企业制定长期的营销策略

图 5-5　制定细分标准的原则

5.2.2.2　细分市场识别

利用大数据技术对老年客户进行聚类分析，将具有相似特征和需求的老年

客户归为一类，从而形成不同的细分市场。聚类分析包括 K-Means、层次聚类等方法，可根据老年客户的特征、需求和行为数据进行分组。

应对每个细分市场进行详细的特征描述，包括年龄分布、性别比例、健康状况、消费能力、兴趣爱好等方面。通过特征描述，企业可以更加清晰地了解每个细分市场的需求特点和潜在机会。

5.2.2.3 细分市场评估

企业应对每个细分市场的规模、增长趋势、竞争态势等进行评估，选择具有发展潜力的市场作为目标市场，集中资源进行深耕细作，具体如表 5-3 所示。

表 5-3 细分市场评估

序号	要点	具体说明
1	市场规模评估	（1）评估每个细分市场的规模，包括老年客户的数量、消费的金额等方面 （2）通过市场规模评估，企业可以了解每个细分市场的潜力和发展空间
2	增长趋势评估	（1）分析每个细分市场的增长情况，包括市场增长率、发展趋势等方面 （2）通过增长趋势评估，企业可以挖掘出具有发展潜力的细分市场
3	竞争态势评估	（1）评估每个细分市场的竞争态势，包括竞争对手数量、市场份额、竞争策略等方面 （2）通过竞争态势评估，企业可以了解自己在每个细分市场中的竞争地位，从而制定有效的竞争策略
4	目标市场选择	（1）根据市场规模、增长趋势和竞争态势的评估结果，选择合适的目标市场 （2）目标市场的选择应该与企业的资源和能力相匹配，这样企业才能获得竞争优势
5	集中资源深耕细作	（1）一旦确定了目标市场，企业就应该集中资源进行精耕细作，包括产品研发、营销推广、售后服务等方面 （2）通过不断努力，企业可以提高市场份额和品牌影响力，实现可持续发展

5.2.3 制定个性化营销策略

基于对老年客户需求的深入洞察和精准的市场细分，借助大数据技术，企业可制定出个性化的营销策略。

5.2.3.1　产品策略

（1）根据目标细分市场的需求开发产品。企业可通过市场调研、用户访谈等方式，深入了解目标细分市场中老年客户的需求和痛点，并根据调研结果，精准定位产品的功能，以满足老年客户的实际需求。同时建立反馈机制，根据老年客户的意见与建议不断优化产品与服务。

（2）推出定制化产品，具体如表 5-4 所示。

表 5-4　推出定制化产品

序号	要点	具体说明
1	服务定制	根据老年客户的需求，提供定制化服务，如健康监测方案、旅游线路等
2	灵活配置	在产品设计中预留一定的空间，以便根据老年客户的需求变化调整产品功能
3	专属服务	为高端的老年客户提供专属服务，如一对一健康咨询、专属客服等，提升客户体验

5.2.3.2　价格策略

根据老年客户的消费能力和价格敏感度，制定合理的价格策略，具体如表 5-5 所示。

表 5-5　制定价格策略

序号	要点	具体说明
1	分层定价	将产品分为不同的档次，制定不同的价格策略。定价时应充分考虑产品的性价比，确保老年客户的消费物有所值
2	差异化定价	针对不同的细分市场、产品功能或服务级别，制定差异化的价格策略
3	折扣优惠	通过打折、满减、赠品等方式，吸引老年客户购买产品。同时，建立会员制度，为会员提供专属的折扣和优惠

微视角

企业应密切关注市场动态和竞争对手的情况，及时调整自己的价格策略。在特定时期（如节假日、店庆等）可以推出促销活动，来提高产品销量和市场份额。

5.2.3.3 渠道策略

(1)选择适合老年客户的销售渠道。针对老年客户的销售渠道主要有表5-6所示的几种。

表5-6 针对老年客户的销售渠道

序号	渠道	具体说明
1	线下门店	在老年客户集中的区域开设线下门店，提供产品展示、体验、咨询等服务
2	电商平台	利用电商平台，为老年客户提供线上购物渠道。同时，优化电商平台的界面设计和操作流程，降低老年客户的购物难度
3	社区服务	与社区合作，开展产品体验、健康讲座等活动，提高产品的知名度和美誉度

（2）加强线上线下融合。采用线上线下融合（O2O）的模式，为老年客户提供更加便捷的购物体验。比如，线上预约、线下体验;线上购买、线下配送等。

同时，打通线上线下数据通道，实现客户数据的共享，以便于企业了解老年客户的购物习惯和偏好，制定精准的营销策略。

（3）提升服务质量。对服务人员进行专业培训，提高其服务意识和专业技能。企业应制定统一的服务标准和流程，确保老年客户在不同渠道都能获得一致的服务体验。

5.2.3.4 促销策略

（1）应针对老年客户的特点制定促销策略，具体如表5-7所示。

表 5-7　针对老年客户的促销策略

序号	策略	具体说明
1	健康讲座	举办健康讲座、养生课堂等活动，吸引老年客户关注企业的产品信息和品牌理念
2	旅游体验活动	组织旅游体验活动，让老年客户亲身感受旅游产品的魅力和价值，提高老年客户对旅游产品的购买意愿
3	会员专享优惠	推出会员制度，为会员提供专属优惠和福利，比如，会员价、积分兑换、优先购买权等，增强老年客户的忠诚度和黏性

（2）企业应不断创新促销方式。

①社交媒体营销。利用社交媒体（如微信、抖音等）开展促销活动，比如，发布产品视频、举办线上抽奖、开展互动话题等。

②口碑营销。设置推荐奖励机制，鼓励老年客户分享产品的使用心得，向周围的朋友积极推荐产品，从而获得更多潜在客户。

③评估促销效果，具体如图 5-6 所示。

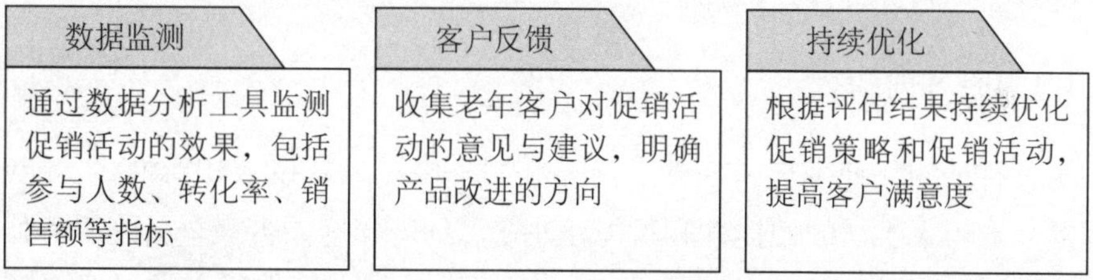

图 5-6　评估促销效果

5.2.4　提供个性化服务体验

基于大数据技术的个性化服务体验，能极大提升老年客户的满意度和忠诚度。

5.2.4.1　服务定制

老年客户群体存在着显著的个体差异，他们的生活习惯、兴趣爱好、健康状况以及经济条件等各不相同。因此，根据老年客户的需求和偏好提供定制化服务，成为企业提升服务质量和客户满意度的关键。

（1）在生活照料方面，对于行动不便的老年客户，养老机构可以根据其身体状况和生活习惯，制定个性化的照料方案。

比如，对于患有腿部疾病而行动受限的老人，安排专门的护理人员协助其进行康复训练、帮助其洗澡穿衣或为其准备营养的餐食等。而对于生活能够自理但需要一定陪伴的老人，则可以提供陪伴散步、聊天，协助购物等服务。

（2）在健康管理服务方面，医疗机构或健康管理机构可以根据老年客户的健康档案和体检报告，为其定制专属的健康管理计划。

比如，对于患有高血压和糖尿病的老人，除了定期监测血压和血糖外，还可以为其制定个性化的饮食和运动方案。

（3）在文化娱乐方面，充分考虑老年客户的兴趣爱好。对于喜欢书法绘画的老人，可以举办书法课堂、艺术展览等活动；对于热爱音乐的老人，可以开展音乐会欣赏、经典老歌教唱等活动。旅游机构还可以为老年客户定制专属的旅游线路，对于喜欢历史的老年游客，设计以参观古迹、博物馆为主的旅游行程，并安排专业导游进行详细讲解。

5.2.4.2 服务创新

随着科技的飞速发展，在养老产品和服务中融入新技术和新模式，能够极大地提升老年人生活的便捷性和智能化水平，为老年客户带来全新的服务体验。

（1）引入新技术。智能养老设备的应用为老年人的生活带来了很多便利，具体如表5-8所示。

表5-8 智能养老设备的应用

序号	设备类型	具体说明
1	智能门锁	智能门锁可以通过指纹、密码或手机等被远程控制，方便老人进出家门；同时还能实时监测门的状态，一旦发现异常可及时通知家属或物业
2	智能床垫	智能床垫可以监测老人的睡眠数据，如睡眠时长、翻身次数、心率等，并实时反馈给老人或其家人，以便他们及时了解老人的身体状况

续表

序号	设备类型	具体说明
3	智能健康监测设备	智能健康监测设备，如可穿戴的智能手环、智能手表等，能够实时监测老人的心率、血压、血氧等生理指标，一旦发现异常可自动报警

（2）引入新模式。在服务模式创新上，互联网医疗为老年客户提供了更加便捷的就医途径。通过在线问诊平台，老人可以随时随地与医生进行视频通话，咨询健康问题，获取诊断建议和处方。远程医疗监测设备将老人的健康数据实时传输给医生，医生可根据数据及时调整治疗方案。此外，共享养老模式也逐渐兴起，多个家庭或养老机构可以共享资源，如护理人员、康复设备、文化娱乐设施等，提高资源利用效率，降低服务成本。

5.2.4.3　服务优化

大数据分析在服务优化中发挥着重要作用。企业通过收集和分析老年客户的服务反馈，能够发现服务过程中存在的问题，从而不断优化服务流程和质量。

（1）在服务流程优化方面，根据老年客户的意见反馈和行为数据，对服务流程进行调整和改进。

比如，某养老机构通过分析老人对餐饮服务的评价发现，部分老人认为取餐时间过长且菜品种类不够丰富。于是，该机构调整了餐饮服务方案，提前收集老人的意见，增加了菜品选择；并优化取餐流程，设置多个取餐窗口，减少老人的排队等待时间。

（2）在服务质量提升上，可借助大数据技术分析服务过程中的关键指标，如服务响应时间、客户满意度等，以便于采取相应措施，如增加服务人员数量、优化服务调度系统等。同时，加强员工培训，提高员工的服务意识和专业技能。培训内容包括护理知识、沟通技巧、应急情况处理等。

比如，组织员工参加沟通技巧的培训，让员工学会如何与老年客户进行有效的沟通、了解他们的需求和情感，以便提供更加贴心的服务。

5.2.4.4 情感关怀

老年客户在生理和心理上都较为脆弱，企业应注重与他们进行情感沟通，提供情感支持和陪伴，这对于提升他们的生活质量和幸福感至关重要。

养老机构的服务人员可以定期与老年客户进行谈心交流，了解他们内心的想法和需求，倾听他们的故事和经历。在节假日或老人生日等特殊的日子，为老人送上祝福和小礼物，让他们感受到温暖和关怀。还可以组织一些集体活动，如生日会、节日庆祝活动等，增强老人之间的互动和交流，减少他们的孤独感。

在医疗机构中，医护人员不仅要关注老人的身体状况，还要注重他们的心理状态。在诊断和治疗过程中，耐心地向老人解释病情和治疗方案，缓解他们的焦虑和恐惧情绪。对于患有慢性疾病或长期卧床的老人，医护人员要给予更多的关心和鼓励，帮助他们树立战胜疾病的信心。

此外，社会各界也可以通过志愿者服务等形式，为老年客户提供情感关怀。志愿者可以陪老人聊天、下棋、读书、看报等，丰富老人的精神生活，让他们感受到社会的关爱和温暖。

5.3 全面适老化：适老化改造方案的推进

真正的适老化改造，是在技术与人性之间找到平衡，即操作做“减法”，减去技术的傲慢；服务做“加法”，加上人文的温度，让数字化成为托起老年人的温柔之手。

5.3.1 适老化改造的定义

适老化改造是指通过对老年人家中的通道、居室、厨房、卫生间等生活场所，以及家具电器、生活辅助器具等做一定调整或改造，使老年人的日常生活更加方便，提升老年人居家生活的安全性和便利性。

5.3.2 适老化改造的意义

适老化改造的意义主要体现在图 5-7 所示的几个方面。

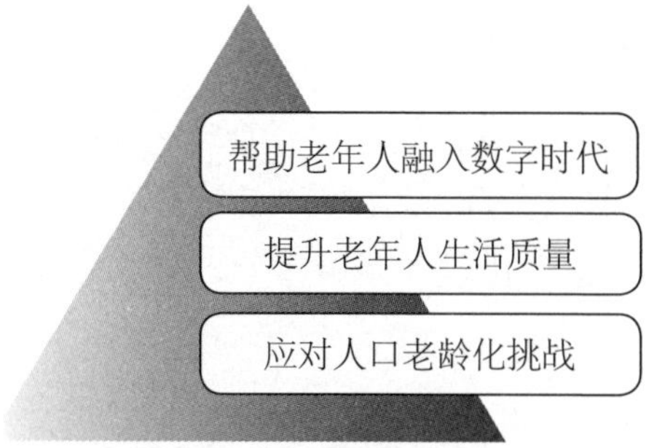

图 5-7　适老化改造的意义

5.3.2.1　帮助老年人融入数字时代

如今，数字技术已渗透到人们生活的方方面面，如移动支付、线上政务、远程医疗等。通过适老化改造，降低数字产品和服务的使用门槛，能让老年人跟上时代步伐，享受数字技术带来的便捷，还能丰富他们的精神文化生活，减少与社会脱节而产生的孤独感。

5.3.2.2　提升老年人生活质量

适老化改造，主要聚焦老年人生活中的痛点和风险点。在居住方面，通过优化空间布局、增加安全设施，能有效减少老年人意外事故的发生；在出行方面，公共交通设施和道路的适老化设计，让老年人出行更加顺畅。这些改变全方位提升了老年人生活的舒适度和安全感。

5.3.2.3　应对人口老龄化挑战

随着老年人口的持续增长，传统养老模式面临着巨大压力。适老化改造借助数字化手段，可提高养老服务的效率和质量，实现资源的合理配置，为构建可持续发展的养老体系提供有力支撑，有效减轻了家庭和社会的养老负担。

5.3.3　适老化改造的多元化路径

适老化改造并非简单的技术叠加，而是基于老年人的实际需求，对数字化产品、服务及物理环境进行系统性的优化。

5.3.3.1　产品的适老化设计

在当今的数字化时代，数字产品已经成为人们生活中不可或缺的一部分。然而，对于老年人来说，现有的数字产品往往存在操作复杂、界面不友好等问题。因此，数字产品的适老化设计至关重要，具体来说，应达到图 5-8 所示的要求。

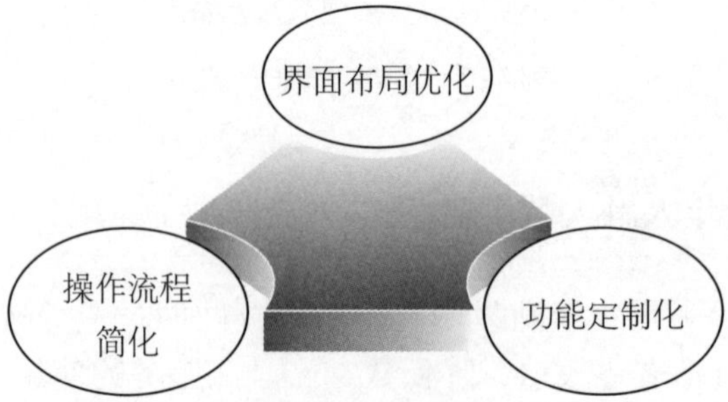

图 5-8　数字产品适老化设计的要求

（1）界面布局优化。数字产品的界面应采用大字体、高对比度的设计，以方便老年人看清屏幕上的内容。图标和按钮也应设计得更大、更清晰，以便于老年人点击操作。手机界面的布局应简洁明了，避免多余的信息堆砌，方便老年人快速找到应用程序。

（2）操作流程简化。简化数字产品的操作流程，减少不必要的步骤和操作。

比如，智能电视的遥控器可以设计成按键形式，老年人只需按下相应的按键，即可快速切换频道、调整音量等。对于一些需要输入信息的操作，如登录账号、填写表单等，可以采用语音输入或指纹识别等方式，降低操作难度。

（3）功能定制化。根据老年人的特殊需求，为数字产品设置专属功能。

比如，智能手机增加了紧急呼叫功能，老年人只需按下一个按键，即可快速联系到预设的紧急联系人。智能手表具备健康监测功能，可以实时监测老年人的心率、血压、睡眠等生理指标，并在出现异常时及时发出警报。

微视角

据预测，至2035年，智能穿戴设备、防摔马甲、求助拐杖等数字化适老产品将带来8万亿消费增量，覆盖疾病预防、健康监测、安全防护、远程医疗、心理疗愈等领域。

5.3.3.2　服务的适老化升级

除了产品的适老化设计外，服务的适老化升级也不容忽视。企业应更加关注老年人的具体需求，提供更加便捷、贴心的服务，具体体现在图 5-9 所示的几个方面。

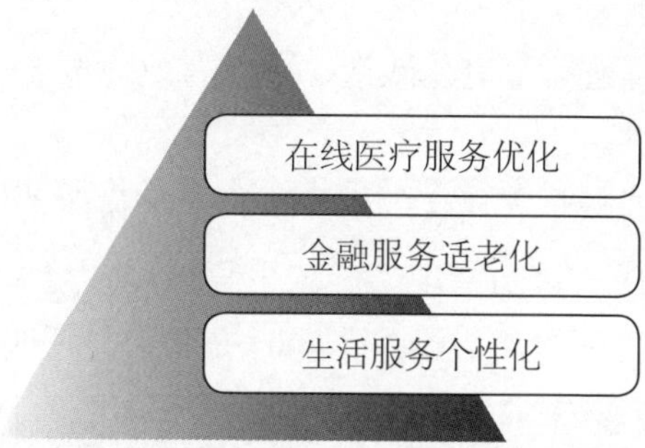

图 5-9　服务适老化升级的体现

（1）在线医疗服务优化。应优化在线医疗平台的服务流程，为老年人提供更加便捷的就医体验。

比如，简化挂号、预约检查等操作流程，让老年人通过手机或电脑即可轻松完成。同时，提供在线问诊服务，让老年人可以随时随地与医生进行视频通话，咨询健康问题。对于一些行动不便的老年人，还可以提供上门服务，让他们在家中就能享受到优质的医疗服务。

（2）金融服务适老化。金融机构应推出适合老年人的金融产品和服务。

比如，银行可推出简单易懂的理财产品，并向老年人详细介绍产品的风险和收益情况，以免他们因不了解而遭受损失。同时，优化网上银行和手机银行的操作界面，使其更加简洁、易用。对于一些不熟悉电子支付的老年人，银行可以提供现金支付、刷卡支付等多种方式，以满足他们的不同需求。

（3）生活服务个性化。外卖、购物、家政等生活服务类平台，可根据老年人的生活习惯和需求，提供个性化的服务。

比如，外卖平台可以为老年人提供适合他们口味的营养餐食，并设置灵活的配送时间。购物平台可以推出老年专区，为老年人推荐适合他们的商品，并提供详细的商品介绍和使用说明。家政服务平台可以根据老年人的身体状况和生活需求，推出个性化的家政服务方案，如定期打扫卫生、帮助购物等。

5.3.3.3 物理环境的适老化建设

物理环境的适老化建设旨在为老年人提供安全、舒适的生活环境。通过对居住环境、公共设施等进行适老化改造，可以有效降低老年人发生意外的风险，提高他们生活的便利性。

（1）居住环境。对老年人居住的房屋进行适老化改造，包括卫生间、厨房、卧室等区域。卫生间应安装防滑地砖、扶手等设施，避免老年人滑倒。厨房操作台的高度应适中，方便老年人操作，同时安装紧急呼叫按钮，以便老年人发生意外时及时求助。卧室床铺的高度应合适，便于老年人上下床，同时安装夜灯，方便老年人起夜。

（2）公共设施。城市的公共场所，如道路、公园、商场等，也应进行适老化建设。道路应设置无障碍通道，方便老年人使用轮椅、拐杖等辅助器具出行。公园内可以设置座椅、遮阳棚等设施，方便老年人休息。商场的出入口应设置缓坡，方便老年人进出，同时设置无障碍卫生间，满足特殊老年人群的需求。

（3）社区环境。社区应营造适合老年人生活的环境，如增加绿化面积、设置休闲娱乐设施（健身器材、棋牌室）等，丰富老年人的业余生活。同时，社区可以组织志愿者，为老年人提供帮助和陪伴，增强老年人的社会归属感。此外，社区还可以建立老年人活动中心，为老年人提供学习、交流、娱乐的场所。

相关链接

《关于加快实施老年人居家适老化改造工程的指导意见》节选

一、目标任务和基本要求

2020 年底前，采取政府补贴等方式，对纳入分散供养特困人员和建档立卡贫困人口范围的高龄、失能、残疾老年人（以下统称特殊困难老年人）家庭实施居家适老化改造，为决战决胜脱贫攻坚提供兜底保障。“十四五”期间，继续实施特殊困难老年人家庭适老化改造，有条件的地方可将改造对象范围扩大到城乡低保对象中的高龄、失能、残疾老年人家庭等。各地要创新工作机制，加强产业扶持，激发市场活力，加快培育公平竞争、服务便捷、充满活力的居家适老化改造市场，引导有需要的老年人家庭开展居家适老化改造，有效满足城乡老年人家庭的居家养老需求。

实施老年人居家适老化改造，应坚持需求导向，政府重点支持保障特殊困难老年人最迫切的居家适老化改造需求；同时，顺应广大老年人居家养老的意愿与趋势，以满足其居家生活照料、起居行走、康复护理等需求为核心，改善居家生活照护条件，增强居家生活设施设备安全性、便利性和舒适性，提升居家养老服务品质。坚持因地制宜，从城乡、区域发展不平衡的实际出发，因地制宜加快推进，不搞一刀切，不搞层层加码，杜绝脱离实际的“形象工程”；鼓励有条件的地方探索创新，先行引路。坚持市场驱动，强化政策保障，落实惠企利民政策，激发市场活力，提升供给品质，将老年人居家适老化改造需求与居家养老服务需求潜能引导释放出来，发展壮大养老服务、居家养老设施、老年用品等消费市场。坚持部门协同，加强协作配合，注重制度衔接，统筹改善老年人住房内外的生活环境，形成工作合力。

二、改造项目内容

民政部、住房城乡建设部依据现行政策法规和相关标准规范，围绕施工改造、设施配备、老年用品配置等方面，制定老年人居家适老化改造项目和老年用品配置推荐清单（见附件）。清单所列项目分为基础类和可选类，基础类项目是政府对特殊困难老年人家庭予以补助支持的改造项目和老年用品，是改造和配置的基本内容；可选类项目是根据老年人家庭意愿，供自主付费购买的适老化改造项目和老年用品。各地要立足经济社会发展水平和城乡发展实际，按照自愿、安全、便利、经济的思路，进一步摸清政府支持保障的特殊困难老年人家庭改造需求，细化年度目标任务和时间安排，并研究丰富本地区特殊困难老年人居家适老化改造项目内容。

三、改造工作程序

对政府支持保障的特殊困难老年人家庭居家适老化改造，省级民政部门要会同相关部门细化工作程序，因地制宜确定改造对象申请条件，完善和规范申请、评估、改造、验收、监管等工作环节，严格落实管理责任。改造对象家庭应对拟改造住房拥有产权或者长期使用权，拟改造的住房应符合质量安全相关标准、具备基础改造条件，且没有纳入拆迁规划，已进行贫困重度残疾人家庭无障碍改造的不再重复纳入支持保障范围。县级民政等部门应委托专业机构科学评估改造对象家庭改造需求，依据评估结果确定改造方案，明确具体改造项目、改造标准和补助方式等内容，按照政府采购法律制度规定择优确定改造施工机构，经老年人或者其监护人签字确认后组织实施。改造完成后，应组织专业力量进行竣工验收，并做好相关费用结算和资金拨付。要细化明确过程监控和安全管理措施，确保改造方案落实落细。

附件：

老年人居家适老化改造项目和老年用品配置推荐清单

序号	类别	项目名称	具体内容	项目类型
1	（一）地面改造	防滑处理	在卫生间、厨房、卧室等区域，铺设防滑砖或者防滑地胶，避免老年人滑倒，提高安全性	基础
2		高差处理	铺设水泥坡道或者加设橡胶等材质的可移动式坡道，保证路面平滑、无高差障碍，方便轮椅进出	基础
3		平整硬化	对地面进行平整硬化，方便轮椅通过，降低风险	可选
4		安装扶手	在高差变化处安装扶手，辅助老年人通过	可选

续表

序号	类别	项目名称	具体内容	项目类型
5	（二）门改造	门槛移除	移除门槛，保证老年人进门无障碍，方便轮椅进出	可选
6		平开门改为推拉门	方便开启，增加通行宽度和辅助操作空间	可选
7		房门拓宽	对卫生间、厨房等空间较窄的门洞进行拓宽，改善通过性，方便轮椅进出	可选
8		下压式门把手改造	可用单手手掌或者手指轻松操作，增加摩擦力和稳定性，方便老年人开门	可选
9		安装闪光振动门铃	供听力视力障碍老年人使用	可选
10	（三）卧室改造	配置护理床	帮助失能老年人完成起身、侧翻、上下床、吃饭等动作，辅助喂食、处理排泄物等	可选
11		安装床边护栏（抓杆）	辅助老年人起身、上下床，防止翻身滚下床，保证老年人睡眠和活动安全	基础
12		配置防压疮垫	避免长期乘坐轮椅或卧床的老年人发生严重压疮，包括防压疮坐垫、靠垫或床垫等	可选
13	（四）如厕洗浴设备改造	安装扶手	在如厕区或者洗浴区安装扶手，辅助老年人起身、站立、转身和坐下，包括一字形扶手、U 形扶手、L 形扶手、135° 扶手、T 形扶手或者助力扶手等。减轻蹲姿造成的腿部压力，避免老年人如厕时摔倒，方便乘轮椅老年人使用	基础
14		蹲便器改坐便器	减轻蹲姿造成的腿部压力，避免老年人如厕时摔倒，方便乘轮椅老年人使用	可选
15		水龙头改造	采用拔杆式或感应水龙头，方便老年人开关水阀	可选
16		浴缸 / 淋浴房改造	拆除浴缸 / 淋浴房，更换浴帘、浴杆，增加淋浴空间，方便照护人员辅助老年人洗浴	可选
17		配置淋浴椅	辅助老年人洗澡用，避免老年人滑倒，提高安全性	基础

续表

序号	类别	项目名称	具体内容	项目类型
18	（五）厨房设备改造	台面改造	降低操作台、灶台、洗菜池高度或者在其下方留出容膝空间，方便乘轮椅或者体型矮小老年人操作	可选
19		加设中部柜	在吊柜下方设置开敞式中部柜、中部架，方便老年人取放物品	可选
20	（六）物理环境改造	安装自动感应灯具	安装感应便携灯，避免直射光源、强刺激性光源，人走灯灭，辅助老年人起夜使用	可选
21		电源插座及开关改造	视情进行高/低位改造，避免老年人下蹲或弯腰，方便老年人插拔电源和使用开关	可选
22		安装防撞护角/防撞条、提示标识	在家具尖角或墙角安装防撞护角或者防撞条，避免老年人磕碰划伤，必要时粘贴防滑条、警示条等符合相关标准和老年人认知特点的提示标识	可选
23		适老家具配置	比如换鞋凳、适老椅、电动升降晾衣架等	可选
24	（七）老年用品配置	手杖	辅助老年人平稳站立和行走，包含三脚或四脚手杖、凳拐等	基础
25		轮椅/助行器	辅助家人、照护人员推行/帮助老年人站立行走，扩大老年人活动空间	可选
26		放大装置	运用光学/电子原理进行影像放大，方便老年人近用	可选
27		助听器	帮助老年人听清声音来源，增加与周围的交流，包括盒式助听器、耳内助听器、耳背助听器、骨导助听器等	可选
28		自助进食器具	辅助老年人进食，包括防洒碗（盘）、助食筷、弯柄勺（叉）、饮水杯（壶）等	可选
29		防走失装置	用于监测失智老年人或其他精神障碍老年人定位，避免老年人走失，包括防走失手环、防走失胸卡等	基础
30		安全监控装置	佩戴于人体或安装在居家环境中，用于监测老年人动作或者居室环境，发生险情时及时报警，包括红外探测器、紧急呼叫器、烟雾/煤气泄漏/溢水报警器等	可选

第6章 政策资本助力：银发经济发展的动能

学习目标

银发经济作为老龄化社会中最具活力的经济形态之一，正逐渐成为资本市场和企业战略规划的焦点。国家政策对银发经济的支持力度不断加大；资本市场也对银发经济的发展前景充满信心。

6.1 政策红利释放：推动银发经济发展

随着我国人口老龄化程度的不断加深，养老问题成为社会关注的焦点，政府也出台了一系列政策来推动养老产业的发展。其中，税收优惠、用地支持、医保支付方式改革、金融支持等政策对养老产业的影响尤为显著。

6.1.1　税收优惠政策

国家为支持银发经济的发展，出台了一系列税收优惠政策，旨在降低养老服务企业的运营成本，鼓励社会资本进入养老领域，提升老年人的生活质量。

6.1.1.1　养老服务机构税收优惠

（1）增值税。依据财政部等六部门下发的《关于养老、托育、家政等社区家庭服务业税费优惠政策的公告》（2019 年第 76 号），符合条件的养老服务机构（包括营利性和非营利性）提供社区养老服务取得的收入，可免征增值税。

本公告有效期至 2025 年 12 月 31 日。

（2）企业所得税。符合条件的养老服务机构取得的收入，计算应纳税所得额时，减按 90% 计入收入总额。对于福利性、非营利性的老年服务机构，符合条件的非营利性组织取得的收入，免征企业所得税。

（3）房产税、城镇土地使用税。福利性、非营利性老年服务机构自用房产、土地、车船，免征房产税、城镇土地使用税。自 2019 年 6 月 1 日至 2025 年 12 月 31 日，为社区提供养老服务的机构，无论是自有还是通过承租、无偿使用等方式取得的房屋和土地，均免征房产税、城镇土地使用税。

（4）其他税费。符合条件的为社区提供养老服务的机构，免征不动产登记费、耕地开垦费、土地复垦费、土地闲置费、城市基础设施配套费、防空地下室易地建设费等税费。

6.1.1.2　养老产品研发制造企业税收优惠

（1）研发费用加计扣除。依据《财政部税务总局关于进一步完善研发费用税前加计扣除政策的公告》（2023 年第 7 号），养老产品研发企业可享受研发费用 100% 加计扣除（未形成无形资产）或 200% 摊销（形成无形资产）。

（2）高新技术企业优惠。符合条件的养老科技企业（如智能养老设备研发）可申请高新技术企业资格，享受 15% 的企业所得税优惠税率。

6.1.1.3　保险企业养老相关税收优惠

（1）增值税免税。依据财税〔2016〕36 号文件，保险公司提供的 1 年期以上养老年金保险、健康保险等保费收入免征增值税。

（2）个人所得税优惠。个人购买符合条件的商业健康保险，每年可享受 2400 元的税前扣除额度。

6.1.1.4　地方性配套政策

（1）社区养老服务支持。多地税务部门推出“政策找人”机制，主动上门辅导养老企业享受税收优惠。

比如，广东、福建等地对社区养老机构提供个性化服务，确保政策落地。

（2）适老化改造支持。部分地方政府对养老机构适老化改造提供财政补贴，叠加税收优惠，降低企业成本。

（3）智慧养老支持。鼓励“互联网 + 养老”模式，对搭建智慧养老平台的企业给予税收扶持。

（4）跨部门协作。税务、民政、卫健等部门建立信息共享机制，确保政策精准落实。

微视角

这些税收优惠政策的出台，为银发经济的发展提供了有力的支持。它们不仅降低了养老服务行业的运营成本，还鼓励社会资本进入养老领域，推动养老服务向专业化、市场化发展。同时，这些政策也提高了老年人的生活质量，促进了社会的和谐稳定。

6.1.2　用地支持政策

为支持银发经济发展，国家在用地方面出台了一系列支持政策，涵盖土地供应、规划保障、存量盘活等多个维度，旨在优先保障养老服务设施和银发经济产业的用地需求。

6.1.2.1　优先保障银发经济用地需求

（1）土地利用年度计划倾斜

医疗、养老、托育等民生领域用地被列入《自然资源要素支撑产业高质量发展指导目录（2024 年本）》的“鼓励类”项目，在土地利用年度计划中优先安排或适当倾斜。省级政府对国家级新区、经济技术开发区的养老产业用地予以单列，优先保障用地指标。

（2）差异化供地方式

——非营利性养老机构符合《划拨用地目录》的，可采取划拨方式供地。

——营利性养老机构，支持通过租赁、先租后让、弹性年期出让等方式供应土地，降低企业初期投资成本。

——产业链供地，探索对银发经济产业链关键环节的核心项目实行整体供地，促进产业集聚。

6.1.2.2 优化土地供应价格与条件

（1）土地价款减免。在符合规划的前提下，利用存量土地建设养老服务设施的，可不增收土地价款。非营利性养老机构使用原有偿土地改建的，改变规划条件部分无须补缴土地出让金。

（2）协议出让与弹性年期。符合条件的养老项目可申请协议出让，避免公开竞拍的高成本。工业用地可采用长期租赁、先租后让等方式供应，租金或价格折算后均衡合理。

6.1.2.3 盘活存量土地资源

（1）闲置土地优先用于养老。鼓励利用批而未供、闲置或低效的土地建设养老服务设施，各地需在年度处置任务中优先安排。

比如，贵州省通过“招商用地地图”推介闲置地块，2024 年已上线 3548 宗土地供养老项目选择。

（2）过渡期政策支持。利用旧厂房、仓库等存量资源发展养老产业的，可在一定期限内按原用途使用土地，无须办理规划变更手续。

6.1.2.4 配套监管与保障

（1）规划衔接。要求新建居住区按人均不少于 0.1 平方米标准配建养老服务设施，已建成区域需补足。

（2）动态监管。自然资源部定期开展建设用地利用调查，确保政策落地。

6.1.3 医保支付方式改革政策

为支持银发经济发展，国家在医保支付领域实施了一系列改革，旨在优化医疗保障服务，减轻老年人医疗负担，促进养老、医疗、康复等产业协同发展。

6.1.3.1 建立长期护理保险（LTCI）制度

（1）扩大保障范围。巩固职工长期护理保险全覆盖成果，稳步扩大居民长期护理保险覆盖范围，到 2025 年实现居民长期护理保险全覆盖。按照国家统一部署，逐步扩大保障对象范围，全面落实异地长期居住失能人员长期护理保险待遇支付政策，进一步扩大制度受益面。

（2）创新管理服务。扩大定点护理机构范围，支持符合条件的护理服务机构、医养结合机构、具备医养结合条件的社区养老服务机构申请纳入长期护理保险定点范围。针对不同服务模式完善支付方式，推动居家护理、机构护理服务资源融合发展。积极引入商业保险机构等社会力量参与长期护理保险经办服务，合理确定服务费用。

（3）加大政策供给。支持将符合规定的康复项目、安宁疗护项目纳入长期护理保险支付范围。逐步扩大康复辅助器具租赁费纳入长期护理保险保障的城市范围，吸引相关产业投资布局。对在定点机构销售的属医疗器械范畴的康复辅助器具，可使用医保个人账户支付。

（4）发挥辐射带动作用。推动老龄人口信息、就医健康信息、养老护理服务信息等数据的串联、研究和应用，助力数字经济发展。强化长期护理保险与商业健康保险关联互补机制，助推商业长期护理保险发展。支持新兴康复技术、康复机器人、可穿戴设备等智能设备集成应用，符合条件的探索纳入长期护理保险支付范围。

6.1.3.2　DRG/DIP支付方式改革

（1）全国推广按病种付费。国家医保局发布了《DRG/DIP 支付方式改革三年行动计划》，要求 2024 年底前全国所有统筹地区开展 DRG（按疾病诊断相关分组）或 DIP（按病种分值）付费改革，2025 年覆盖所有符合条件的医疗机构。改革后，医保基金按病种打包支付，避免“大处方”“大检查”等过度医疗行为，降低老年人的住院费用。

（2）支持新技术应用。对符合条件的新药、新技术实施“除外支付”规则，不纳入病种费用上限，确保重症患者得到充分治疗。动态调整 DRG/DIP 分组规则，适应医疗技术的进步和临床需求。

比如，武汉市 DRG 试点后，住院次均费用下降了 9%，医保基金支出风险得到缓解；贵州省六盘水市 DRG 改革后，城乡居民住院次均费用下降了 5%，职工医保住院费用降幅达 21%。

6.1.3.3　门诊与住院支付优化

（1）取消门诊预交金。自 2025 年 3 月起，全国公立医疗机构取消门诊预交金，住院预交金降至同病种个人自付平均水平，减轻老年人的就医垫资压力。

（2）慢性病按人头付费。对糖尿病、高血压等慢性病探索按人头付费，鼓励基层医疗机构提供长期健康管理服务。

（3）部分地区试点将家庭医生签约服务费纳入医保支付范围，强化基层首诊。

6.1.3.4 商业保险与医保协同

（1）鼓励开发商业健康保险。支持保险公司开发养老金融产品，如专属商业养老保险、长期护理保险等，与基本医保形成互补；试点人寿保险与长期护理保险责任转换，拓宽老年人健康保障渠道。

（2）医保与商保数据联动。推动老龄人口健康数据共享，助力商业保险机构精准定价和创新服务。

6.1.3.5 提高医保财政补助标准

基本医保财政补助标准人均增加，重点向县域医共体和基层医疗机构倾斜。建立重大疾病补充保险省级统筹制度，将门诊慢性病保障范围扩展至更多常见病种。通过医保支付方式改革，推动分级诊疗制度落地，实现“小病不出乡、大病不出县”的就医格局，为老年人提供更便捷、高效的医疗服务，间接支持银发经济发展。

6.1.3.6 扩大职工医保个人账户共济范围

推进医疗机构检查检验结果互认，扩大基层慢性病、常见病用药种类，同时扩大职工医保个人账户共济范围，使家庭成员之间可以共济使用个人账户资金，提高医保资金的使用效率，减轻老年人及其家庭的医疗负担。

微视角

国家通过医保支付方式改革政策，系统地支持银发经济发展。这些改革政策既降低了老年人的医疗负担，又促进了医养结合、智慧养老等新业态的成长。未来，随着支付方式进一步精细化，银发经济在医疗健康领域的潜力将加速释放。

6.1.4　金融支持政策

国家为支持银发经济的发展，出台了一系列金融支持政策，旨在通过优化金融资源配置、拓宽融资渠道、提升金融服务水平等方式，促进银发经济的健康发展。

6.1.4.1　完善多层次养老保险体系

（1）全面实施个人养老金制度。个人养老金制度已从 36 个试点城市推广至全国，每年缴费上限 1.2 万元，并配套税收优惠。

截至 2025 年 3 月，全国个人养老金专项产品达 998 款，包括储蓄、基金、保险、理财等类别。

（2）推动企业年金和职业年金扩面。鼓励有条件的企业建立企业年金，目前第二支柱（企业年金 + 职业年金）覆盖超 7000 万人，资金规模达 5.7 万亿元。部分金融机构推出薪酬福利类年金计划，助力企业强化退休人员养老保障。

（3）促进商业养老保险创新。支持保险公司开发专属商业养老保险、长期护理保险等产品，试点"人寿保险转长期护理保险"业务。鼓励保险机构提供"医养结合"的综合解决方案，覆盖健康管理、居家护理等需求。

6.1.4.2　拓宽银发经济融资渠道

（1）信贷支持政策。鼓励银行设立养老金融专营机构，对养老产业提供专项信贷支持，如普惠养老专项再贷款。创新抵押方式，允许以养老机构土地使用权、房产、应收账款等作为抵押物。

（2）直接融资支持。支持银发经济企业上市融资，鼓励符合条件的企业在主板、创业板、北交所等市场上市或再融资。探索发行养老专项金融债券、资产支持证券（ABS）等融资工具。

（3）保险资金参与养老产业。截至 2024 年底，保险资金已投资养老社区等项目超 300 亿元，泰康、平安等机构已在全国布局养老社区。

6.1.4.3　优化适老化金融服务

（1）金融产品适老化改造。银行推出了"老年专享"服务，如建行"一链二维三阶五心"养老服务体系、交行"魔都长者白金卡"等。同时还应优化手机银行 APP 的适老化功能，保留存折、现金服务等传统方式。

（2）防范金融诈骗。加强对涉老非法金融活动的打击，严查养老非法集资，加强大额转账风险的提示。

6.1.4.4 政策目标与未来方向

预计到 2028 年，养老金融体系基本建立，养老金融产品和业态逐步丰富，养老金融意识普遍形成，养老金融供给水平有效提升。到 2035 年，各类养老金融政策的效果充分显现，养老金融产品和服务更加精准高效，养老资金投资管理更加成熟稳健，基本实现了中国特色金融和养老事业高质量发展的良性循环。

微视角

国家出台一系列政策，全方位支持银发经济发展。未来，随着个人养老金制度的深化、保险资金投入的加大、金融科技的赋能，银发经济将迎来更广阔的发展空间。

相关链接

《银行业保险业养老金融高质量发展实施方案》节选

二、积极参与多层次多支柱养老保险体系建设

（一）积极参与服务基本养老保险制度。银行机构要发挥网点广泛、服务便捷等优势，优化流程，改进服务，持续提升基本养老保险参保人员金融服务体验。银行保险机构参与基本养老保险基金管理，要坚持规范运作，加强风险管控，守住养老金安全底线。支持符合条件的商业银行、保险机构、理财公司、信托公司等参与提供基本养老保险基金管理服务。

（二）增强服务企业年金和职业年金制度能力。银行保险机构要坚持合规经营，持续提升投资管理和风险管控能力，充分运用信息化手段，优化对企业年金和职业年金制度各类参与主体的服务。鼓励银行保险机构丰富企业年金、职业年金领取方式，创新产品和服务，探索提供长期或终身养老金领取服务。支持符合条件的商业银行、保险机构、理财公司、信托公司等参与提供企业年金、职业年金基金管理服务。

（三）促进个人养老金制度持续健康发展。符合条件的银行保险机构要大力发展个人养老金业务，通过多种方式提升参加人参与积极性，实现资金账户数和缴存规模稳步增长。支持开发适应个人养老金制度的新产品和专属产品，逐步构建起具有不同形态、期限、风险特征的产品体系。鼓励银行保险机构探索建设投资顾问团队，依法合规提供投资咨询服务，提升个人养老金管理和积累效率。

（四）持续推动商业养老金融改革。大力发展商业保险年金，鼓励保险机构创设兼具养老风险保障和财富管理功能的商业保险年金新型产品，支持浮动收益型保险发展。稳步推进特定养老储蓄试点业务发展。进一步扩大养老理财产品试点，探索建立多重风险缓释机制，支持建立投资者养老理财账户。稳妥有序建立养老理财产品转让机制，便利投资者投资及长期持有。支持银行保险机构探索创新产品和服务，畅通将各类资产合理有序转换为养老资源的渠道。

三、加强对养老产业的融资支持和风险保障

（五）加大银发经济领域信贷供给。支持银行机构合理确定贷款期限，科学运用循环贷款、年审制贷款、分期还本付息等产品和服务，更加精准、有效地支持银发经济经营主体的合理融资需求。鼓励银行机构积极探索引入政府融资担保机制，有序扩大信贷供给，通过提供专属产品、开辟绿色通道等方式，支持适老化改造、智慧养老设备研发制造，以及利用闲置存量场所改建养老服务设施等领域发展。

（六）丰富股权和债权投资方式。支持资本实力较强、经营规范的保险机构，稳健有序投资养老机构、康复医院、专科医院等，参与发展居家、社区及机构养老服务。支持保险机构在加强资产负债管理的基础上，结合自身能力，积极开展符合养老科技创新、新质生产力发展要求的银发经济项目投资，支持高水平银发经济产业园区建设。鼓励金融租赁公司等开展医养康养等设备融资租赁业务，支持信托行业提供养老金融服务，促进养老产业发展。支持养老理财等养老金融产品，投资与养老特征相匹配的长期优质资产。

（七）加强养老产业保险保障。逐步健全与养老产业高质量发展相适应的保险保障体系，针对产业发展特点和要求，进一步优化产品和服务供给，扩大保障范围，丰富保障责任，提高保障水平。保险机构要积极发展老年助餐、助浴等业态责任保险，丰富面向老年群体演出、体育、旅游、出行等领域，以及特定场所和设施的人身意外伤害保险、责任保险和财产保险。支持保险机构发展养老机构综合性保险，鼓励提供专业化风险减量服务，协助提升安全生产管理水平。

四、提升老年群体金融服务水平

（八）扩大老年群体保障覆盖面。保险机构要积极发展适合老年群体风险特点、保障需求和支付能力的健康保险、人身意外伤害保险等。鼓励保险机构发展长期医疗保险，提供覆盖全生命周期、稳定的健康保障。支持保险机构开发具有长期领取功能的保险产品，满足个人财富的养老金转化和领取需求，探索将养老、健康、护理等服务与保险给付相衔接，探索开发适合居家、社区以及机构护理需求的商业长期护理保险产品。

（九）优化老年群体金融服务。银行保险机构要加强老年金融消费者保护，提供符合老年群体需求、易于理解、风险匹配的金融产品，制定更为审慎的销售流程，规范宣传推介和销售行为，强化风险提示。要落实监管要求，实施互联网网站、移动互联网应用，以及线下网点特别是农村和乡镇地区网点适老化改造。要优化网点布局，完善适老设施配置，保留和改进必要的人工服务，升级改造智能服务终端，持续提升柜面服务水平。要优化移动互联网应用使用流程，提升老年人网络服务便利化水平。

（十）维护老年群体金融权益。严防以“养老金融”名义开展的各类非法金融活动。协调指导各地严厉打击涉老非法集资违法犯罪，全力以赴追赃挽损，切实维护老年人合法权益。强化防范非法集资宣传月品牌建设，督促指导各相关单位，充分利用多种渠道和载体，开展以养老等领域为重点的防范非法集资宣传活动。支持商业银行等机构按照法律法规、相关主管部门要求和合同约定，开展养老机构预付资金存管业务，提供养老服务费、押金和会员费等预收费资金安全保管服务。

6.2　资本布局加速：资本涌入银发经济领域

养老产业的巨大发展潜力吸引了众多资本的关注，保险资金、地产基金和产业资本纷纷进入银发经济领域。

6.2.1　利用保险资金布局

保险资金（险资）凭借资金规模大、投资期限长、追求稳健收益等特点，与银发经济领域的需求高度契合。近年来，利用险资在银发经济领域进行多维度的布局，主要体现在图 6-1 所示的几个方面。

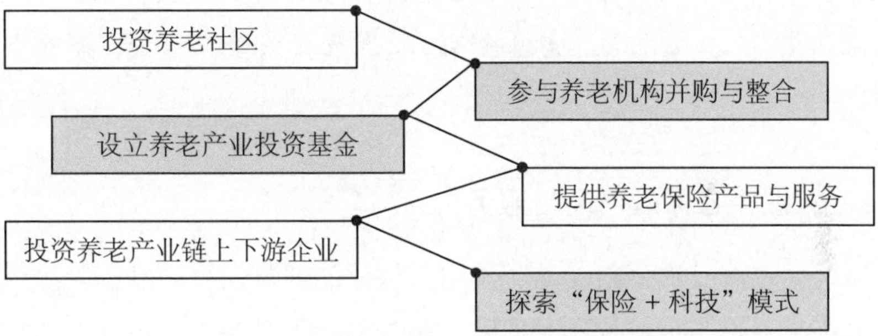

图 6-1　利用保险资金在银发经济领域布局

6.2.1.1　投资养老社区

大型保险公司纷纷涉足养老社区的投资建设与运营。

比如，泰康保险集团早在 2009 年就率先获得中国保监会批准的投资养老社区试点资格，目前已在全国多个城市布局了泰康之家养老社区。这些社区集居家生活、美食餐饮、医疗护理、文化娱乐、健身运动等多种服务与功能于一体，为老年人提供了高品质的养老生活。

将险资投资养老社区，一方面能够满足客户对高品质养老服务的需求，增强客户黏性；另一方面，通过收取入住费用、服务费用等，可实现稳定的现金流回报。

6.2.1.2 参与养老机构并购与整合

保险公司可通过并购、参股等方式将险资用于养老机构的整合与发展。一些保险公司会选择投资具有一定规模和品牌影响力的养老机构，对其进行资源整合和升级改造，提升服务质量和运营效率。

比如，太平人寿保险有限公司通过收购和控股部分养老机构，将保险业务与养老服务有机结合，形成了“保险 + 养老”的协同发展模式。

6.2.1.3 设立养老产业投资基金

部分保险公司联合其他金融机构或产业资本，设立专门的养老产业投资基金，聚焦养老产业链上的各个环节，包括养老服务、老年用品、康复医疗等领域。

比如，中国人寿持续推进“保险 + 康养”生态体系建设，积极运用 500 亿元大健康基金、200 亿元大养老基金及 100 亿元银发产业基金，深入布局银发经济领域。

6.2.1.4 提供养老保险产品与服务

保险公司在产品端不断创新，推出多样化的养老保险产品，以满足不同客户的养老需求。除了传统的年金保险、终身寿险等产品外，还开发了与养老社区入住资格挂钩的保险产品，以及具有长期护理保障功能的保险产品。

比如，中国平安推出的平安颐享世家养老年金保险，为客户提供稳定的养老金现金流，同时还提供了养老社区的入住权益，实现了保险产品与养老服务的深度融合。

6.2.1.5 投资养老产业链上下游企业

保险公司不仅关注养老服务机构和养老社区，还将投资范围拓展到养老产业链的上下游企业。在老年医疗保健领域，投资相关的医疗机构、医疗器械企业和医药研发企业；在老年文化娱乐领域，投资老年旅游、老年教育等企业。保险公司利用险资构建起完整的养老产业生态系统，实现了资源的优化配置和协同发展。

6.2.1.6　探索“保险+科技”模式

一些保险公司通过引入智能设备和信息化管理系统，对老年人的健康状况进行实时监测和管理，为保险产品的定价和理赔提供数据支持。同时，利用互联网平台和移动应用，为客户提供便捷的保险服务和养老服务信息，提升客户体验。

微视角

利用险资在银发经济领域布局是多元化和全方位的，不仅为企业自身创造了新的投资机会和利润增长点，也为推动我国银发经济的发展和养老产业的升级做出了重要贡献。

6.2.2　利用地产基金布局

利用地产基金在银发经济领域布局是多元化的，企业充分利用自身的资金优势和地产行业经验，将养老产业与地产业融合，在图 6-2 所示的多个方面布局。

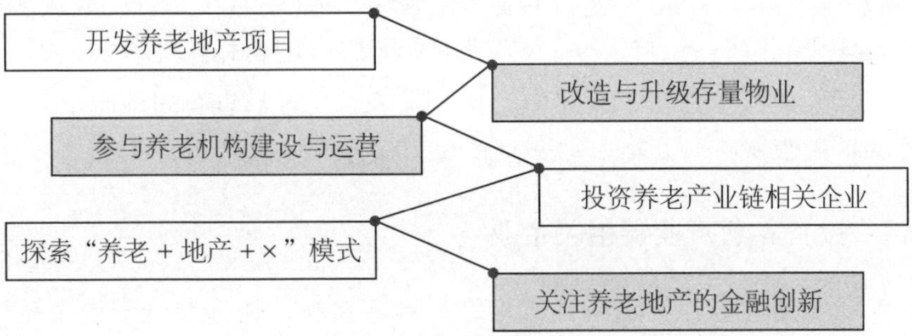

图 6-2　利用地产基金在银发经济领域布局

6.2.2.1　开发养老地产项目

利用地产基金积极参与养老地产的开发，打造多种类型的养老居住产品。

比如，开发老年公寓，充分考虑老年人的生活需求，配备无障碍设施、紧急呼叫系统等，为老年人提供舒适、安全的居住环境。

一些地产企业还会投资建设大型养老社区，不仅有适合不同年龄段和健康状况的老年住宅，还配套建设了医疗中心、康复设施、文化娱乐场所、餐厅等，形成一站式的养老生活服务体系。

比如，一些知名的养老社区，通过高品质的居住环境和完善的配套服务，吸引了众多老年人入住。

6.2.2.2 改造与升级存量物业

对于一些闲置或低效利用的存量物业，如旧厂房、办公楼等，地产企业将其改造为养老场所，通过合理的空间规划和设施配置，满足老年人的养老需求。例如，将旧厂房改造成老年护理院，并配备专业的护理设备和人员，为失能、半失能老人提供专业的护理服务；把闲置的办公楼改造成老年日间照料中心，为周边社区的老年人提供日间生活照料、康复护理、文化娱乐等服务。这种改造升级不仅盘活了存量资产，还促进了养老产业的发展。

6.2.2.3 参与养老机构建设与运营

有的地产企业与专业的养老服务运营商合作，由运营商负责养老机构的日常运营与管理，地产基金则提供资金支持和物业资源。在一些城市，利用地产基金投资建设高端养老机构，引入先进的养老服务理念和管理模式，可为中高收入的老年人提供个性化、专业化的养老服务。同时，也有的地产企业关注普惠型养老机构的建设，以满足广大普通老年人的养老需求。

6.2.2.4 投资养老产业链相关企业

养老产业的发展不局限于养老地产和养老机构，还涉及众多上下游产业。因此，地产企业也会投资养老产业链上的相关项目，如老年用品制造、老年康复医疗器械生产、老年健康管理等，这样既分享了养老产业发展的红利，同时也促进了养老产业链的完善。

6.2.2.5 探索“养老+地产+×”模式

地产企业积极探索多元化的发展模式，将养老与其他产业进行融合。

比如，“养老 + 文旅”模式，在风景优美的地区开发养老度假项目，依托当地的旅游资源，为老年人提供度假、养生、休闲的场所;“养老 + 医疗”模式，与医疗机构合作，在养老社区或养老机构设立医疗中心，实现医养结合，为老年人提供及时、便捷的医疗服务；“养老 + 教育”模式，建设老年大学或学习中心，丰富老年人的精神文化生活。这些创新模式能够提升养老项目的吸引力和竞争力，为地产企业带来更多的发展机会。

6.2.2.6　关注养老地产的金融创新

地产企业布局银发经济领域时，也注重金融创新。通过发行房地产投资信托基金（REITs）等金融产品，将养老地产项目的资产证券化，实现资金的回笼和再投资。投资者通过购买基金份额间接投资养老地产，分享项目的收益。

同时，地产企业还可以利用保险资金、银行贷款等，为养老地产项目提供资金支持，降低项目的融资成本和风险。

微视角

通过这些布局，地产企业不仅为自己开辟了新的投资领域和盈利渠道，也为我国养老产业的发展注入了新的活力，推动了银发经济的繁荣。

6.2.3　利用产业资本布局

利用产业资本在银发经济领域布局呈现出多元化的特点。企业通过整合自身资源和优势，深入参与养老产业的各个环节，推动银发经济不断发展。

6.2.3.1　医疗健康产业与银发经济融合

许多医疗企业利用自身在医疗技术、人才和资源等方面的优势进入银发经济领域。

（1）大型制药企业加大对老年病药物研发的投入，针对阿尔茨海默病、心脑血管疾病等老年人常见疾病开展专项研究，开发更有效的治疗药物。

（2）医疗器械企业则专注研发适合老年人使用的康复辅助器具，如智能轮椅、可穿戴健康监测设备等。

（3）一些医疗集团通过收购、新建等方式开设老年专科医院或康复中心，提供专业的医疗和康复护理服务，实现医疗服务与养老服务的有机结合。

6.2.3.2 养老服务机构的投资与运营

（1）有的企业打造高端养老社区，提供高品质的居住环境、个性化的养老服务和丰富的文化娱乐活动，满足高收入老年群体的需求。

（2）也有的企业专注于普惠型养老机构的建设，以较低的成本为广大普通老年人提供基本的生活照料和护理服务。

（3）部分企业还引入先进的养老理念和管理模式，提升养老机构的服务质量和运营效率。

（4）一些连锁养老服务机构通过品牌输出和标准化管理，实现快速扩张，形成规模效应。

6.2.3.3 老年用品市场和消费市场的拓展

有的企业还积极布局老年用品市场和消费市场。服装企业针对老年人的穿着需求，设计生产舒适、保暖、易穿脱的服装；食品企业开发适合老年人口味的健康食品，如低糖、低盐、高纤维食品和保健品。

此外，老年旅游、老年娱乐等消费领域也吸引了大量产业资本。旅游企业推出专门的老年旅游线路和产品，注重行程的舒适性和安全性；文化娱乐企业开展老年教育、老年艺术培训等项目，丰富老年人的精神文化生活。

6.2.3.4 利用科技赋能银发经济

科技企业利用自身的技术优势，为银发经济提供创新方案。

（1）互联网企业开发适老化的应用程序，如健康管理 APP、社交娱乐 APP 等，方便老年人使用智能设备。

（2）人工智能企业将智能技术应用于养老服务领域，例如，智能养老机器人可以为老年人提供陪伴、护理等服务。

（3）大数据企业通过对老年人健康数据、消费数据等进行分析，可为养老产业的精准营销和个性化服务提供支持。

（4）一些科技企业还参与智慧养老社区的建设，实现智能化管理和服务。

6.2.3.5　养老产业上下游产业整合

相关企业通过投资、并购等方式整合养老产业的上下游产业链。

（1）一些养老服务机构与老年用品供应商、医疗机构、康复设备制造商等建立合作关系，实现资源共享和优势互补。

（2）一些企业通过收购老年用品生产企业，实现产业链的延伸，降低采购成本，提高产品质量和供应效率。

（3）也有的企业将养老服务与金融服务相结合，开发养老金融产品，为老年人提供资金规划、财富管理等服务，实现产业协同发展。

6.2.3.6　参与养老基础设施建设

建筑企业、工程公司等可利用产业资本进行养老基础设施的建设。他们参与养老社区、老年公寓、养老机构等项目的规划设计和施工建设，确保项目的质量和安全性；根据老年人的特殊需求，对建筑设计进行优化，设置无障碍通道、紧急救援设施等。同时，一些企业还负责养老服务设施的改造和升级，提高现有设施的适用性和舒适性。

6.2.3.7　产学研合作推动创新发展

企业可与高校、科研机构等开展产学研合作，共同推动银发经济的创新发展。企业为高校和科研机构提供研发资金和实践平台，高校和科研机构则为企业提供技术支持和人才培养。他们通力协作，开展养老服务模式创新、老年产品研发等工作，能够加速科研成果的转化和应用，提升产业资本在银发经济领域的利用率。

微视角

相关企业通过资源整合、模式创新和技术应用，不断拓展银发经济的发展空间，为老年人提供更加优质、多样化的产品和服务，同时也为自己创造了更大的经济效益。

6.3 企业资本之路：养老企业的资本化进程

银发经济的快速发展为养老企业提供了广阔的发展空间，越来越多的企业通过上市、并购重组、引入战略投资者、发行债券等方式对接资本市场，实现规模化、品牌化发展。

6.3.1 上市融资

6.3.1.1 境内上市

符合条件的养老企业可选择在境内证券交易所上市，如主板、创业板或北交所。主板上市对企业的规模、业绩和治理结构要求较高，适合具有一定规模和盈利能力稳定的大型养老企业。创业板则更注重企业的创新性和成长性，为一些处于快速发展阶段、具有独特商业模式或技术优势的养老企业提供了上市机会。北交所主要服务于创新型中小企业，一些专注于细分领域的养老企业可以在此上市。

比如，泰康之家等大型养老企业有着成熟的业务模式和良好的业绩表现，具备在主板上市的潜力；而一些专注于智慧养老服务的创新型企业，可能更适合在创业板上市。

6.3.1.2 境外上市

部分养老企业也会考虑在境外上市。境外上市可以拓宽企业的融资渠道，吸引国际投资者，提升企业的国际知名度。吸引了一些内地养老企业赴港上市。但境外上市也面临着监管环境、会计准则差异和投资者偏好等挑战，企业需要做好充分准备。

6.3.2 并购重组

6.3.2.1 横向并购

养老企业通过并购同行业企业，实现规模扩张和市场份额提升。一些大型养老企业通过收购中小规模的养老机构，迅速扩大服务网络，实现区域布局的优化。这种并购可以带来协同效应，如共享采购渠道、降低运营成本、整合品牌资源等。

6.3.2.2　纵向并购

养老企业可并购产业链上下游的企业，实现产业链的整合。例如，养老服务机构并购老年用品生产企业，以确保产品质量和供应的稳定性，同时也可以拓展业务范围，为老年人提供更全面的服务。养老企业与医疗企业合作、并购医疗机构或与医疗集团建立战略联盟，可以实现医养结合，提升服务质量和竞争力。

6.3.3　引入战略投资者

6.3.3.1　产业投资者

养老企业可以引入相关产业的战略投资者，如医疗企业、保险企业、房地产企业等。医疗企业的加入可以为养老企业带来专业的医疗技术和人才支持，提升养老服务的医疗水平；保险企业的参与可以为养老企业提供资金支持；房地产企业的资源可以帮助养老企业更好地开发和运营养老项目。

比如，保险公司投资养老社区，既为养老社区的建设提供了资金，又可以将保险产品与养老服务相结合，实现互利共赢。

6.3.3.2　金融投资者

金融投资者也对养老企业感兴趣，他们可以为养老企业提供资金支持和专业的管理经验，帮助企业优化治理结构、提升运营效率。金融投资者通常会在企业发展到一定阶段后，通过股权转让、上市等方式退出并获取投资回报。

6.3.4　发行债券

6.3.4.1　公司债券

养老企业可以通过发行公司债券来筹集资金。公司债券的发行相对灵活，企业可以根据自身的资金需求和市场情况确定债券的期限、利率和发行规模。对于一些信用评级较高的养老企业来说，发行公司债券的融资成本相对较低，可以满足企业的长期资金需求。

6.3.4.2 专项债券

政府为支持养老产业发展，会发行专项债券，养老企业可以参与相关项目的投资和建设，获得债券资金的支持。一些地方政府发行养老服务设施建设专项债券，用于支持养老机构的新建、改造和升级项目，养老企业可以参与投标。

6.3.5 资产证券化

6.3.5.1 不动产资产证券化

拥有养老地产项目的企业，可以将不动产资产进行证券化。通过设立特殊目的机构（SPV），将养老地产的未来现金流进行打包，发行资产支持证券（ABS）。投资者购买这些证券后，将获得基于养老地产租金收入或运营收入的收益。这种方式可以帮助养老企业盘活不动产资产，提前回笼资金，促进企业进一步发展。

6.3.5.2 应收账款证券化

养老企业的应收账款，如收取的养老服务费用等，也可以进行证券化。养老企业先将应收账款转让给特殊目的机构（SPV），再由 SPV 发行证券向投资者募集资金。这种方式可以加速企业的资金周转，提高资金使用效率。

微视角

养老企业在资本化的过程中，需要充分考虑自身的发展战略、财务状况和市场环境，选择合适的路径。同时，也要注重企业的规范治理和风险管理，实现可持续发展。

第 7 章 人才组织变革：银发经济发展的支撑

学习目标

银发经济崛起催生了新机遇，但人才供给滞后与组织模式僵化却成为产业发展的瓶颈。银发经济的人才与组织变革需要以“人”为核心，以“变”为路径，通过人才生态构建、组织柔性进化、文化价值引领，实现从“生存型服务”到“价值型生态”的跨越。

7.1 人才短缺破解：银发经济的人才破局之道

银发经济快速发展的同时，人才紧缺问题日渐凸显，特别是养老护理、适老化改造、智慧养老等细分领域，人才需求较大。这就需要政府、院校及企业协同，推动产教融合，促进人才与行业高质量发展。

7.1.1 人才需求现状剖析

7.1.1.1 不同养老环节的人才缺口

在银发经济蓬勃发展的当下，养老产业各环节均面临着不同程度的人才缺口，这已成为制约养老产业高质量发展的关键因素。

（1）护理环节人才。随着老年人口数量的不断增加，尤其是失能、半失能老人比例的上升，对专业护理人才的需求急剧增长。护理工作涵盖了老年人日常生活的方方面面，包括饮食照料、起居护理、身体清洁等。然而，目前养老护理人员的数量严重不足，具体表现如图 7-1 所示。

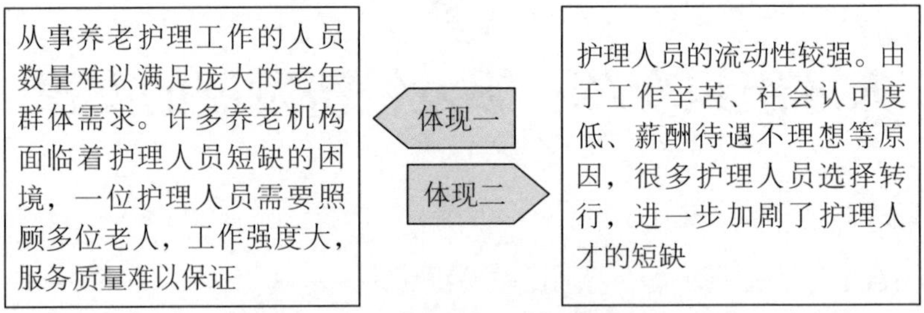

图 7-1　护理环节人才短缺的体现

（2）医疗环节人才。老年群体普遍患有多种慢性疾病，对医疗服务的需求较大。但当前养老产业中的医疗人才十分匮乏。在医院中，医疗资源主要集中在急性病和重症疾病的治疗上，在老年人慢性病管理、日常健康监测等方面的投入相对不足。而在养老机构内部，专业医生、护士的数量有限。很多养老机构因缺乏全职医生，只能定期邀请外部医生进行巡诊，无法及时满足老年人的医疗需求。

此外，具备养老医疗经验的专业人才更是稀缺，他们既要掌握扎实的医学知识，又要了解老年人的生理和心理特点，能够为老年人提供个性化的医疗服务。

（3）康复环节人才。康复治疗对于提高老年人的生活质量、延缓身体机能衰退具有重要作用。随着老年人对康复服务需求的增加，康复人才短缺的问题日益凸显。目前，专业康复人才主要集中在大型康复医院。许多养老机构缺乏专业的康复治疗师，无法为老年人提供系统的康复训练；而且，康复设备的配备也不完善，进一步限制了康复业务的开展。即使部分养老机构有康复服务，但也因康复人员的水平有限，无法达到理想的效果。

（4）管理环节人才。随着养老产业的快速发展，养老机构的规模不断扩大，对专业管理人才的需求也日益迫切。养老产业的管理涉及多个方面，包括机构运营、市场营销、财务管理、人力资源管理等。然而，目前养老企业的管理人才大多来自其他行业，缺乏养老服务的专业知识和经验。他们可能熟悉一般企业的管理模式，但对于养老服务的特殊性、如何满足老年人的个性化需求、如何提高服务质量等，了解不够深入。

此外，养老产业的管理人才培养体系尚不完善，缺乏针对养老业务的专业课程和培训项目，导致管理人才的后备力量不足。

7.1.1.2　人才能力素质与行业要求的差距

银发经济的发展对养老产业人才的能力素质提出了更高的要求，但现有的人才在专业能力、综合素质等方面与行业要求还存在较大差距。

（1）专业能力差距，具体表现如表 7-1 所示。

表 7-1　专业能力的差距

序号	专业能力	具体表现
1	护理方面	专业的养老护理人员需要掌握扎实的护理知识和技能，包括基础护理、康复护理、心理护理等。但目前很多护理人员只接受过简单的培训，缺乏专业的知识和技能。比如，在老年人突发疾病时，可能无法及时采取正确的急救措施
2	医疗方面	养老产业的医护人员不仅要具备临床医学知识，还要熟悉老年医学的技能，能够为老年人提供全面的健康管理服务。然而，现有的医疗人才大多专注于某一领域，对老年医学的知识和技能掌握不足
3	康复方面	康复治疗师需要具备健康评估和治疗能力，能够根据老年人的身体状况制定个性化的康复方案。但目前部分康复治疗师的实际操作能力有待提高，无法满足老年人的康复需求
4	管理方面	养老产业的管理人才需要具备养老产业运营管理、市场营销、财务管理等多方面的知识和技能。但目前很多管理人员的专业能力不足，导致养老机构的运营效率低下，市场竞争力不强

（2）综合素质差距，除了专业能力外，养老产业人才还需要具备良好的沟通能力以及耐心和爱心等。在与老年人沟通时，需要使用温和、亲切的语言，还要善于倾听他们的需求和想法，给予他们关心和支持。但目前一些从业人员在与老年人交流时缺乏耐心，沟通方式不当，导致老年人产生不满情绪。

此外，养老从业人员应具备高度的责任心和敬业精神，能够认真对待每一位老年人，确保他们的安全和健康。同时，随着银发经济的发展，养老产业的从业人员还应具备一定的创新意识和学习能力，能够不断适应行业的发展，引入新的服务理念和技术。但目前行业内很多从业人员的创新意识和学习能力较弱，难以推动养老产业创新发展。

7.1.2 多元化人才培养模式探索

为了解决养老产业人才短缺的问题，需要探索多元化的人才培养模式，具体如图 7-2 所示。

图 7-2 多元化人才培养模式

7.1.2.1 校企合作

校企合作是一种重要的人才培养方式。高校应根据养老产业的发展需求，开设相关的专业课程，如老年护理、老年医学、老年康复等。同时，高校与企业应建立紧密的合作关系，共同开发课程、编写教材，将企业的实际需求融入教学中。企业还可以为高校学生提供实习机会，让学生在实践中积累经验，提高专业技能。毕业后，企业可以优先录用实习表现优秀的学生，实现高校与企业的人才对接。

比如，一些高校与当地的养老机构合作，建立了实习基地。学生在实习期间可以参与养老机构的日常运营，了解养老服务的流程和要求，为今后的职业发展打下坚实的基础。

7.1.2.2 职业培训

职业培训也是培养人才的重要途径。政府应发挥主导作用，加大职业培训项目的投入，组织开展养老护理、康复治疗、养老管理等项目培训，提高从业人员的专业素质。培训内容应包括专业知识、技能操作、职业道德等方面。同时，企业也应建立内部培训体系，定期组织员工参加培训，不断提升员工的业务水平。

比如，一些大型养老机构会定期邀请行业专家为员工进行培训，分享最新的养老理念和技术，提高员工的服务质量。

7.1.2.3　跨领域人才引进与再培训

跨领域人才引进与再培训也是一种有效的人才培养途径。医疗、家政、旅游等领域的人才可以转型进入养老产业。这些领域的人才具有一定的专业知识和工作经验，通过再培训可以快速适应养老产业的需求。

比如，医疗领域的医生和护士经过培训后可以进入养老机构，为老年人提供医疗服务；家政服务人员经过专业培训后可以成为养老护理员，为老年人提供生活照料服务。

7.1.3　人才激励与留存策略

为了吸引和留住养老人才，需要制定有效的人才激励与留存策略，具体如图 7-3 所示。

图 7-3　人才激励与留存策略

7.1.3.1　薪酬福利体系优化

薪酬福利体系优化是吸引人才的重要手段。企业应制定具有竞争力的薪资政策，根据人员的能力和贡献给予回报。同时，还应建立绩效奖金制度，对表现优秀的员工进行奖励，激发员工的工作积极性。此外，企业还应提供完善的福利补贴，如五险一金、带薪年假、节日福利、健康体检等，提高员工的生活质量。

比如，一些养老机构会为员工提供额外的住房补贴、交通补贴等，以减轻员工的生活负担。

7.1.3.2　职业发展通道设计

职业发展通道设计是留住人才的关键。企业应为员工设计明确的晋升路径，让员工明确自己的职业发展方向。例如，设立不同的岗位等级，员工通过努力可以晋升到更高的岗位。同时，企业还应提供岗位轮换与跨部门发展机会，让员工能够接触到不同的工作内容和业务领域，拓宽自己的视野和职业发展道路。

比如，员工可以从护理岗位轮换到管理岗位，或者参与养老机构的营销、运营等工作，以提升自己的综合能力。

7.1.3.3 精神激励

精神激励同样不可忽视。企业应对表现优秀的员工进行公开表彰和奖励，增强员工的荣誉感和成就感。同时，还应加强员工关怀，关注员工的工作和生活需求，及时解决员工遇到的问题。

比如，企业可以定期组织开展员工活动，增加员工之间的沟通和交流，营造良好的工作氛围。

此外，企业还应加强企业文化建设，增强员工的认同感，从而提高员工的工作热情。

相关链接

《关于加强养老服务人才队伍建设的意见》节选

二、拓宽养老服务人才来源渠道

（四）引导人才到养老服务领域就业创业。结合养老服务岗位特点拓宽用工渠道，落实就业创业扶持政策，支持符合条件的人才到养老服务领域就业创业，对到农村等养老服务基础薄弱的地区加大支持力度。发挥院校培养养老服务人才主渠道作用，支持引导更多职业院校（含技工院校，下同）和普通本科高校养老服务相关专业毕业生对口从事养老服务工作。支持养老服务机构积极参加百万就业见习岗位募集计划，开发针对性就业见习岗位。支持多渠道引进社会工作、康复服务、老年营养、心理咨询等方面专业技术人才及经营管理人才，提升居家社区机构养老服务综合能力和技术水平。支持人口老龄化程度较高、养老服务人才供给不足地区与劳务输出大省开展劳务协作，注重吸纳脱贫人口和防止返贫监测对象到养老服务岗位就业，促进养老服务人才跨地区有序流动。针对农村地区养老服务人才短缺实际，加大政策支持力度，引导更多有能力、有意愿的村民和农村低龄老年人参与提供养老服务，吸引更多养老服务人才返乡入乡就业创业。（民政部、人力资源社会保障部、教育部、财政部、农业农村部按职责分工负责）

（五）支持跨行业跨领域人才流动。支持养老服务机构与家政服务、物业服务等机构开展合作，引导相关人才转型从事养老护理相关工作。支持医务人员到医养结合机构（同时具备医疗卫生资质和养老服务能力的医疗卫生机构或养老机构）执业，并在职称评定等方面享受与其他医疗卫生机构人员同等待遇。支持养老服务机构依照有关规定引进医务人员，事业单位性质的养老服务机构要加大公开招聘力度。积极吸纳退休的医生、护士到养老服务机构内设的医疗机构执业或提供技术指导、技能培训。广泛培养服务于老年人生活照料、健康维护、精神慰藉、法律援助、休闲娱乐等方面的志愿者队伍，鼓励低龄健康老年人积极参与，把老有所为和老有所养相结合，为增加养老服务人才资源提供有益补充。（国家发展改革委、住房城乡建设部、商务部、国家卫生健康委、民政部按职责分工负责）

三、提升养老服务人才素质能力

（六）加强专业教育培养。大力发展养老服务职业教育，结合行业发展需求，支持职业院校开设养老护理、养老服务与管理、康复、老年营养、老年社会工作、老年用品研发制造等相关专业，特别是要侧重失能失智照护等急需紧缺领域，完善学科体系，优化专业布局，扩大招生规模。整合优质高职资源，稳步发展养老服务职业本科教育。加强普通高校本科及以上层次养老服务人才培养，加大对养老服务相关专业建设的支持力度，支持相关专业硕士、博士学位授权点建设，为养老服务行业培养输送更多高层次人才。积极推动养老服务人才培养培训模式创新，鼓励职业院校、普通高校与养老服务机构互设实习实训基地、培养培训基地，积极探索中国特色学徒制，提高“订单式”培养质量。鼓励符合条件的养老服务机构参与举办养老服务类职业院校。支持养老服务机构依托职业院校共建产教融合实训基地，中央预算内投资按照“十四五”教育强国推进工程有关要求予以支持。鼓励支持农村地区养老服务机构采取委托培养、联合培养等产教融合方式，引导职业院校相关专业毕业生到农村地区从事养老服务。（教育部、人力资源社会保障部、民政部、国家发展改革委、农业农村部按职责分工负责）

（七）强化技术技能培训。强化用人单位主体责任，采取集中轮训、岗位练兵、网络培训等多种方式，持续提升养老服务人才能力素质。以实际操作技能和职业道德培训为重点，全面推行就业岗前培训。持续实施职业技能提升培训，将法律知识、职业道德、从业规范、质量意识、健康卫生等要求贯穿养老服务人才职业生涯全过程。支持建设一批以养老服务技能人才为主要培养方向的国家级高技能人才培训基地。鼓励相关院校为养老服务人才学历和非学历继续教育提供机会。用人单位要保障本单位职工参加继续教育的权利。用人单位安排职工参加继续教育的，应保障其学习期间的相关待遇，建立继续教育与工作考核、岗位聘用、职称评聘等挂钩的激励机制。开展养老服务人才培训提升行动，重点对养老护理员、养老院院长、老年社会工作者等进行培训。探索对村级睦邻（邻里）互助点、农村幸福院等的养老服务从业人员开展职业技能培训。（民政部、人力资源社会保障部、教育部、农业农村部按职责分工负责）

四、健全养老服务人才评价机制

（八）拓宽职业发展通道。以养老护理员为试点，完善养老服务技能人才职业技能等级制度，支持具备条件的养老服务企业在现有养老服务技能人才职业技能等级设置基础上，结合实际适当增加或调整技能等级，在高级技师等级之上增设特级技师和首席技师技术职务（岗位），在初级工之下补设学徒工，形成由学徒工、初级工、中级工、高级工、技师、高级技师、特级技师、首席技师构成的新八级工职业技能等级（岗位）序列，培养更多高级别职业技能等级的养老服务技能人才。建立养老服务职业技能等级与相应职称、学历的双向比照认定制度，推进学历教育、非学历教育学习成果与职业技能等级学分转换互认。根据行业发展需要，推进养老服务职业体系建设，加强新职业开发和新工种设置，同步制（修）订相关国家职业标准或行业企业评价规范，为职业技能培训评价提供基本依据。畅通养老服务专业技术人才职业发展通道和评价办法。（人力资源社会保障部、民

政部、教育部按职责分工负责）

（九）推进职业水平评价。以养老护理员为试点，加快完善养老服务技能人才职业技能等级社会化认定机制，规范职业技能等级认定机构遴选确定、考核认定和证书颁发。养老服务行业主管部门会同人力资源社会保障部门统筹社会培训评价资源，征集遴选符合资质的单位机构，报经人力资源社会保障部门备案成为职业技能等级认定机构，由其按照国家职业标准相关要求，开展考核认定工作。职业技能等级证书由人力资源社会保障部统一制定编码规则和证书样式，实现全国范围内查询验证。支持符合条件的用人单位自主开展养老服务技能人才职业技能等级评价。推进养老服务领域“学历证书＋若干职业技能等级证书”制度实施。职业技能等级认定结果要与岗位使用有效衔接，并作为薪酬分配的重要参考。加强对第三方评价机构和用人单位评价活动的监督管理，定期组织评估，公开评估结果，按照“谁评价、谁负责、谁发证”的原则，落实评价机构和用人单位主体责任。支持养老服务机构积极吸纳使用社会工作专业人才，鼓励现有养老服务从业人员积极参加社会工作者职业资格评价和学历教育。鼓励在养老服务机构工作的老年社会工作者积极参加高级社会工作师评价并取得职业资格，更好发挥高层次人才示范带动作用。（人力资源社会保障部、教育部、民政部按职责分工落实）

五、重视养老服务人才使用管理

（十）优化岗位配置。引导各类养老服务机构根据功能定位、目标群体、服务特色等，优化管理、专业技术、工勤技能等岗位配置。推动养老服务机构按照评定等级落实养老服务技能人才配比要求，特别是服务失能失智老年人的照护配比。根据需要设置医疗、康复、社会工作、营养、心理咨询等专业技术岗位，配备具有相应职业资格的专业技术人才。支持配强养老院院长和人力资源、财务、质量等方面管理岗位，积极拓展养老顾问等岗位，探索引进职业经理人，着力打造一批懂养老、会运营、善管理的养老服务经营管理人才，引领提升机构质量管理、规范运营、风险防控能力。依规配齐消防安全、食品安全、物业保障、维修维护、信息管理等工勤岗位。（民政部、人力资源社会保障部按职责分工负责）

（十一）健全人才使用机制。进一步畅通养老服务机构中的技能骨干向专业技术岗位或管理岗位的流动渠道。鼓励技师以上养老服务技能人才在岗位上发挥技能、管理班组、带徒传技。鼓励在养老服务机构等级评定、质量评价、补贴支持等工作中，加大取得职业技能等级证书的养老服务技能人才配置情况所占评价权重，并将其作为养老服务机构参与政府购买服务、项目合作招投标的重要评价指标。鼓励养老服务机构通过内设专业社会工作科室、设置专门岗位或与社会工作服务机构、乡镇（街道）社工站合作等方式，支持社会工作专业人才为老年人提供心理疏导、社会融入、资源链接等服务。事业单位性质的养老服务机构原则上设置以专业社会工作岗位为主体的专业技术岗位。到2025年，推动实现每千名老年人、每百张养老机构床位均拥有1名社会工作者。鼓励养老服务机构设立志愿服务站点，合理安排服务岗位，招募志愿者为老年人提供常态化志愿服务。（民政部、人力资源社会保障部、财政部、市场监管总局按职责分工负责）

（十二）加强人才规范管理。大力开展养老服务人才职业道德教育和养老服务机构诚信经营教育，督促养老服务机构制定员工守则，引导其养成良好品行、提升服务水平，培育安全可靠、值得信赖的养老服务市场环境。发挥养老服务领域行业组织自律作用，制定行业职业道德准则，规范职业行为，积极协调解决养老服务纠纷。建立健全养老服务人才失信惩戒和守信褒扬机制，大力培树诚信经营、爱岗敬业、技能突出、尊老爱老的行业先进典型，依法依规从严惩处欺老虐老、非法集资诈骗等侵害老年人合法权益的行为。对于涉嫌严重违法失信的，依法依规开展失信惩戒。（民政部、国家发展改革委、市场监管总局按职责分工负责）

六、完善养老服务人才保障激励措施

（十三）提高薪酬保障水平。坚持多劳者多得、技高者多得，引导养老服务机构建立基于岗位价值、能力素质、业绩贡献的薪酬分配制度，切实提高养老服务人才薪酬待遇。指导有条件的地区调查发布养老服务人才市场工资价位信息，引导养老服务机构综合考虑从业年限、劳动强度、技能水平等因素，合理确定养老服务人才工资水平，并将工资分配向从事一线工作的员工倾斜。按规定落实养老服务从业人员职业培训补贴、职业技能补贴等政策。强化养老服务机构规范用工意识，依法与员工签订劳动合同或聘用合同，严格按规定参加社会保险。鼓励养老服务机构为员工购买人身意外伤害险或补充医疗保险；积极引进科技助老产品和服务，减轻员工劳动强度、改善工作条件。支持各地探索将养老服务高技能人才纳入城市直接落户范围，其配偶、子女按有关规定享受公共就业、教育、住房等保障服务。养老服务机构劳务派遣人员享受与养老服务机构劳动者同工同酬权利，并按规定享受相应政策待遇。（人力资源社会保障部、财政部、民政部按职责分工负责）

（十四）加大褒扬激励力度。按照国家有关规定开展养老服务先进单位和先进个人表彰活动，表彰对象向基层养老服务机构和一线员工倾斜。定期举办国家级养老护理职业技能竞赛，在全国技能大赛、全国民政行业职业技能竞赛中可设置养老护理等赛项，获奖者按规定享受相应待遇。推动省、市、县开展相关职业技能竞赛活动，完善并落实获奖选手奖励、技能等级晋升等政策。支持符合条件的养老服务技能人才按程序申报建设技能大师工作室。鼓励各地组织开展“最美养老服务工作者”学习宣传活动，大力宣传养老服务人才先进事迹和职业精神，提升养老服务人才职业尊崇感和社会认同度。（人力资源社会保障部、民政部按职责分工负责）

7.2 架构创新设计：组织架构的创新思路

银发经济正从“规模扩张”向“价值深耕”转型，传统的科层制组织因响应迟缓、资源割裂、创新不足等问题，难以匹配养老服务的个性化、智能化、生态化需求。对此，企业应创新设计组织架构，重构银发经济底层逻辑。

7.2.1 传统养老组织架构的痛点

在银发经济迅速发展的当下，传统养老组织架构的诸多痛点日益凸显，严重制约了养老企业的运营效率和服务质量提升，具体如图 7-4 所示。

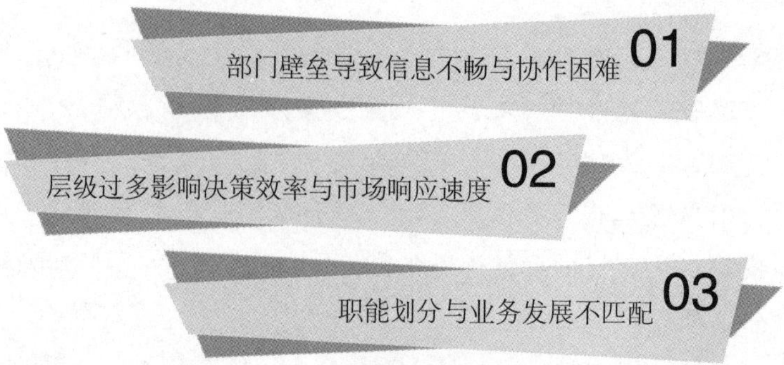

图 7-4　传统养老组织架构的痛点

7.2.1.1　部门壁垒导致信息不畅与协作困难

传统的养老组织架构通常按照职能划分部门，如护理部、医疗部、后勤部、营销部等。各部门之间缺乏有效的沟通和协作，信息传递往往存在延迟和失真。

比如，护理部在照顾老人的过程中发现老人有潜在的健康问题，但可能与医疗部沟通不畅，无法及时将信息传达给专业医生，导致老人错过最佳治疗时机。

同时，在处理一些综合性问题时，各部门容易从自身利益出发，相互推诿，难以形成合力。

比如，组织一次老人外出活动，涉及护理部的安全保障、后勤部的物资准备、营销部的宣传推广等工作，但由于缺乏统一协调机制，可能出现物资准备不足、宣传不到位等情况，从而影响活动效果。

7.2.1.2　层级过多影响决策效率与市场响应速度

传统养老组织架构一般采用多层级的金字塔式结构，决策权集中在高层管理者手中。信息从基层传递到高层需要经过多个层级，不仅耗时较长，而且在传递过程中容易出现信息损耗和曲解。基层员工发现市场变化或客户需求时，因层级限制，无法及时将信息反馈给决策层，导致企业错失良机。

比如，当市场上出现新的养老服务需求或竞争对手推出创新服务模式时，基层员工即使察觉到这些变化，也可能因为层级过多无法迅速传递给领导层，从而使企业在市场竞争中处于被动地位。

此外，决策过程烦琐，审批层级过多，也会导致企业决策效率低下，无法快速响应市场变化。

7.2.1.3　职能划分与业务发展不匹配

随着银发经济的发展，养老企业的业务范围不断拓展，除了传统的养老护理服务外，还涉及医疗康复、文化娱乐、旅游养老等多个领域。然而，传统组织架构的职能划分相对固定，难以适应业务的多元化发展。

比如，在开展老年旅游业务时，需要整合护理、医疗、营销等多个部门的资源，但传统组织架构下各部门职责清晰，缺乏跨部门合作的机制和动力，导致旅游业务难以顺利开展。

同时，一些新兴的业务在传统架构中没有明确的归属部门，容易出现管理空白或职责不清等情况，从而影响业务的正常推进。

微视角

传统架构缺乏对新技术应用的适配性，在智慧养老、远程医疗等数字化转型中面临阻碍。

7.2.2　适应银发经济的组织架构设计

为了更好地适应银发经济的发展需求，养老企业需要对组织架构进行创新设计，以提高运营效率和服务质量。

7.2.2.1　扁平化组织架构

扁平化组织架构减少了管理层级，使上下级之间的沟通与决策更加便捷高效。这种架构下，信息传递更加迅速，基层员工能够更直接地将问题和建议反馈给高层管理者，高层管理者也能更快地做出决策并传达给基层。

比如，养老企业可以设立项目小组，由高层管理者直接领导；项目小组成员来自不同的部门，负责特定项目的策划、执行和监督。项目小组具有较大的自主权，能够快速响应市场需求和客户意见，提高工作效率。

微视角

扁平化组织架构还能够激发员工的工作积极性和创造力，让员工有更多的机会参与企业的决策和管理，增强员工的归属感和责任感。

7.2.2.2 矩阵式组织架构

矩阵式组织架构以项目为导向，整合跨部门资源，提高了协同效率。在这种架构中，员工既属于原来的职能部门，又参与特定的团队项目。

比如，养老企业开展养老社区建设时，可以从护理部、医疗部、后勤部、营销部等部门抽调人员组成项目团队，共同负责项目的规划、建设、运营等工作。项目团队负责人负责协调团队成员的工作，确保项目按时、按质完成。

矩阵式架构能够充分发挥各部门的专业优势，实现资源的优化配置，同时还能促进部门之间的沟通与协作，提高企业的整体运营效率。然而，矩阵式架构也存在一些问题，例如，员工可能面临双重领导，导致职责不清、管理混乱等。因此，企业在实施矩阵式架构时，需要明确各角色的职责和权限，建立有效的沟通协调机制。

7.2.2.3 柔性组织架构

柔性组织架构能够根据市场需求灵活调整组织形式，快速响应变化。在银发经济中，市场需求不断变化，养老企业需要具备快速响应的能力。柔性组织架构可以通过临时组建团队、外包部分业务等方式，实现组织形式的灵活变化。

比如，当市场上出现短期康复护理服务需求时，企业可以临时组建一支由专业康复人员和护理人员组成的团队，为客户提供服务。同时，企业还可以将一些非核心业务，如餐饮服务、保洁服务等外包给专业的服务公司，集中精力发展核心业务。

柔性组织架构能够提高企业的适应性和竞争力，使企业在复杂多变的市场环境中立于不败之地。

> **微视角**
>
> 柔性组织架构的构建，推动银发经济从“粗放供给”向“精准适配”升级。这一模式不仅能提升企业竞争力，还能为银发群体提供更高质量的产品与服务，实现社会价值与商业价值的双赢。

7.2.3　数字化驱动组织架构优化

随着数字化技术的飞速发展，养老企业可以利用数字化手段对组织架构进行优化，提升企业的运营效率和管理水平。

7.2.3.1　信息化管理系统的建设

信息化管理系统是实现业务流程自动化、数据共享与实时监控的重要工具。养老企业可以建立涵盖客户管理、护理服务、医疗康复、财务管理等多个模块的信息化管理系统，打破部门壁垒，实现各部门之间的数据共享，提高协同工作效率，具体如图 7–5 所示。

功能一	通过客户管理系统，企业可以记录老年人的基本信息、健康状况、服务需求等，为老年人提供个性化的服务
功能二	可以对护理人员的工作进度进行跟踪，对服务质量进行评估
功能三	可以整合老年人的医疗数据，为医生诊断和治疗提供依据
功能四	可以实现财务数据的实时统计和分析，为企业的决策提供支持

图 7–5　信息化管理系统的功能

7.2.3.2 大数据分析在组织决策中的应用

大数据分析能够帮助企业深入了解市场需求、客户行为和运营状况，为组织决策提供科学依据。养老企业可以通过收集和分析老年人的健康数据、服务需求数据、满意度调查数据等，了解老年人的具体需求和变化趋势，从而优化服务内容和方式。

比如，通过分析老人的健康数据，企业可以预测老人可能出现的健康问题，从而制定个性化的预防方案。

同时，大数据分析还可以帮助企业评估各部门的工作绩效，发现运营过程中存在的问题和不足，及时调整组织架构和业务流程。

比如，通过分析护理部门的工作数据，企业发现护理人员在某些环节的工作效率较低，从而有针对性地进行人员培训和流程优化。

7.2.3.3 人工智能辅助企业运营

人工智能技术在养老企业中的应用越来越广泛，能够辅助企业运营，降低人力成本，提高服务效率和质量，提升客户满意度，具体如图 7–6 所示。

体现一	智能客服可以为客户提供 24 小时在线咨询服务，解答客户的疑问和处理客户的投诉
体现二	智能护理设备，如智能床垫、智能手环等，可以实时监测老人的身体和活动情况，当出现异常时及时发出警报
体现三	人工智能还可以用于养老服务的规划和管理，通过算法优化服务资源，提高服务效率。例如，根据老人的需求和服务人员的技能，合理安排护理人员的工作任务，减少服务等待时间

图 7–6 人工智能辅助企业运营的体现

7.3 文化重构方向：企业文化的重构策略

银发经济领域的企业文化重构，旨在通过行为标准化消除代际协作摩擦、利益共享化激发创新潜能、生态融合化释放群体智慧，最终实现“银发需求精准响应、代际人才价值共生、企业效益可持续增长”的三角闭环。

7.3.1　银发经济下企业文化的核心价值

在银发经济蓬勃发展的时代背景下，养老企业的企业文化具有独特且重要的作用，不仅是企业发展的精神支柱，更是满足老年人需求、推动行业进步的关键因素，核心价值如图 7-7 所示。

图 7-7　银发经济下企业文化的核心价值

7.3.1.1　以人为本

对于养老企业而言，服务对象是老年人这一特殊群体，他们有着独特的生理和心理需求。以人为本意味着企业应将老年人的需求和感受放在首位，关注他们的生活质量、身心健康和精神状态，具体要求如图 7-8 所示。

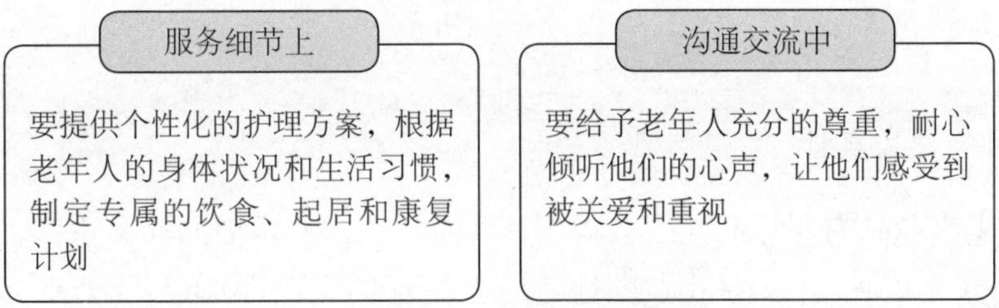

图 7-8　以人为本的服务要求

同时，以人为本也体现在对员工的关怀上。员工是养老服务的直接提供者，他们只有感受到企业的关爱和尊重，才能将这份情感传递给老年人。企业要关注员工的工作环境、职业发展需求，提供合理的薪酬待遇和培训机会，激发员工的工作热情和创造力。

7.3.1.2 创新驱动

银发经济是一个充满机遇和挑战的领域，市场需求不断变化，老年人对养老服务的质量和方式也有了更高的要求。创新驱动要求企业鼓励员工提出新想法、新观点，推动业务模式和服务创新。在业务模式上，企业可以探索“养老 + 医疗”“养老 + 旅游”“养老 + 科技”等多元化的融合模式，为老年人提供更加丰富、便捷的服务。

比如，利用互联网技术搭建智慧养老平台，实现远程医疗、健康监测、紧急呼叫等功能，提高养老服务的效率和质量。

在服务创新方面，企业可以开发个性化的养老服务产品，如老年兴趣班、文化活动等，满足老年人多样化的精神层面需求。通过创新驱动，企业能够在激烈的市场竞争中脱颖而出，为老年人带来更好的服务体验。

7.3.1.3 专业精进

专业精进强调对服务品质的极致追求。养老服务涉及医疗护理、康复保健、膳食营养等多个领域，企业只有通过持续提升员工专业素质、引进先进技术和管理经验，才能为老年人提供高质量的服务。

比如，泰康之家引入国际化的养老照护体系，定期组织员工培训，确保服务的专业性和规范性。

7.3.1.4 社会责任

养老产业具有明显的社会公益属性，企业肩负着重要的社会责任。积极参与养老公益事业，不仅是企业回馈社会的表现，也是树立良好企业形象、赢得社会认可的重要途径。具体来说，企业可以通过图 7-9 所示的方式来履行社会责任。

1 通过捐赠资金、物资等方式，支持贫困老年人的生活

2 开展志愿活动，为老年人提供免费的护理、陪伴等服务

3	参与养老政策的制定，为行业发展提供建议和参考
4	严格遵守法律法规，保障老年人的合法权益，确保服务质量和安全

图 7-9　养老企业履行社会责任的方式

通过履行社会责任，养老企业能够为构建和谐社会贡献力量，同时也能够提升自身的社会声誉和品牌价值。

7.3.2　企业文化评估与问题诊断

为了实现企业文化的有效重构，首先需要对现有企业文化进行全面、深入的评估和诊断，了解企业文化的现状以及存在的问题。

7.3.2.1　员工对企业文化的认知度与认同感

通过问卷调查、访谈等方式，了解员工对企业文化的理解程度以及认同感，包括企业价值观、使命、愿景等核心内容；以及员工在日常工作中对企业文化的践行情况。如果大部分员工对企业文化的认知模糊，或者对企业价值观的理解存在偏差，说明企业在文化传播和宣贯方面存在不足。如果员工对企业文化的认同感较低，说明企业文化与员工的实际需求和利益脱节，或者企业文化的执行存在偏差。

7.3.2.2　企业文化与业务发展、员工行为的契合度

将企业文化与企业的发展战略进行对比分析，检查企业文化是否能为业务发展提供有力的支持。

比如，企业文化倡导创新驱动，但在实际运营中，却缺乏创新机制和氛围，员工不敢尝试新的业务模式和服务方式，说明企业文化与业务发展存在脱节。

同时，观察员工的行为是否与企业文化所倡导的价值观相符。如果员工在工作中存在敷衍了事、缺乏团队合作精神等情况，而企业文化强调的是敬业和协作，那么就说明企业文化没有真正落地，没有对员工产生积极的影响。

7.3.2.3 现有企业文化存在的问题与不足

综合以上调查和分析结果，总结现有企业文化中存在的问题与不足。企业文化中常见的问题如图 7-10 所示。

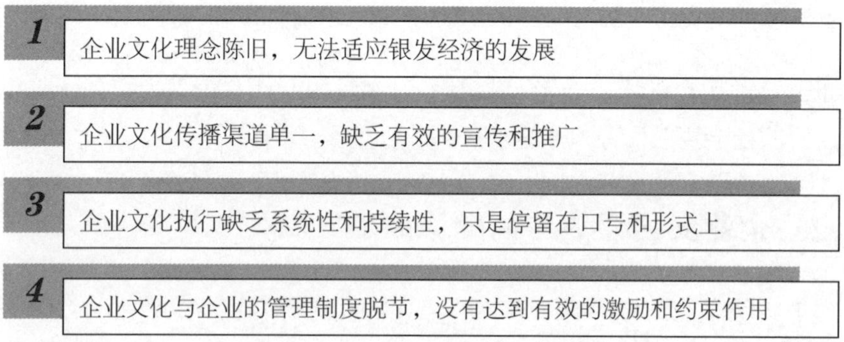

图 7-10 企业文化中常见的问题

这些问题如果不及时解决，将会影响企业的凝聚力和竞争力，阻碍企业发展。

7.3.3 企业文化重构的实施路径

针对企业文化评估的结果，企业需要制定切实可行的企业文化重构实施路径，确保企业文化能够真正落地生根，发挥应有的作用，具体如图 7-11 所示。

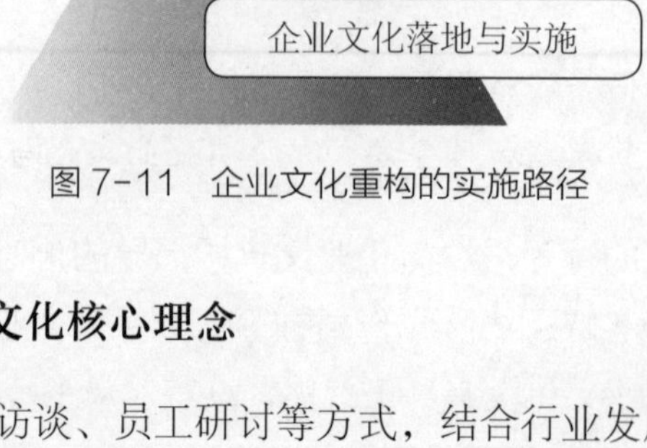

图 7-11 企业文化重构的实施路径

7.3.3.1 明确企业文化核心理念

企业应通过调研访谈、员工研讨等方式，结合行业发展趋势和企业战略目标，提炼出符合自身特色的核心价值观、使命和愿景。

（1）核心价值观是企业文化的灵魂，企业应紧密围绕银发经济的发展趋势，结合企业的实际情况和发展战略，明确企业文化的核心价值观。

（2）企业使命应明确企业在银发经济中的定位和目标，体现出为老年人提供优质服务的决心和追求。

（3）企业愿景应描绘出企业未来的发展蓝图，激励员工为实现共同的目标而努力奋斗。

比如，一家养老企业的核心价值观为“关爱老人，创新服务，奉献社会”，企业使命为“为老年人提供温馨、专业、个性化的养老服务，让他们的晚年生活更加幸福美好”，企业愿景为“成为国内领先的养老服务品牌，引领银发经济的发展潮流”。

微视角

企业可组织管理层与一线员工共同参与企业文化的制定，综合不同层面的意见，确保企业文化的可行性。

7.3.3.2　企业文化传播与推广

为了让员工深入理解和认同企业文化，企业需要通过多种渠道进行传播和推广，具体如图 7-12 所示。

1. 内部培训是一种有效的传播方式。企业可以定期组织开展企业文化培训，邀请专家或企业领导进行讲解，让员工理解企业文化的内涵和意义。同时，结合实际案例，让员工深刻体会企业文化对实际工作的影响
2. 文化活动也是传播企业文化的重要载体。企业可以举办企业文化主题演讲、征文比赛、文艺汇演等活动，激发员工对企业文化的认同感
3. 企业还可以利用内部刊物、宣传栏、官方网站、社交媒体等，宣传企业文化的理念和实践成果，营造浓厚的文化氛围

图 7-12　企业文化的传播与推广

7.3.3.3 企业文化落地与实施

企业文化不能只停留在学习和宣传层面，更要融入企业的制度建设、绩效考核与日常工作中，这样企业文化才能落地生根。

（1）在制度建设方面，企业要将企业文化融入各项规章制度中，如员工行为规范、绩效考核制度、薪酬福利制度等。

比如，在绩效考核制度中，增加员工服务态度、团队合作精神、创新能力等方面的指标，激励员工积极践行企业文化。

（2）在日常工作中，企业领导要以身作则，带头践行企业文化，为员工树立榜样。同时，要加强对员工行为的监督和指导，及时发现和纠正不符合企业文化的行为。

企业文化只有融入企业的各个方面，才能真正成为企业发展的内在动力和员工的行动指南。

第3部分

实践突破——从0到1的商业化落地

第8章 医疗健康赛道：银发经济核心领域探索

学习目标

医疗健康作为银发经济的核心赛道，蕴含着巨大的市场潜力和商业机会。实现银发经济从0到1的商业化落地，不仅要精准把握银发群体的医疗健康需求，更要探索出可持续、可复制的商业模式，将优质医疗资源高效送达老年人身边。

8.1 需求特征分析：银发群体医疗健康需求

银发群体由于身体机能下降、慢性疾病增多等原因，对医疗健康服务的需求与日俱增。了解这些需求的特征，是企业精准定位市场、开发产品和服务的关键。

8.1.1 慢性病管理需求的常态化与专业化

慢性病管理是指对慢性疾病及其风险因素进行定期检测、连续监测、评估与综合管理的医学行为及过程，主要包括慢性病早期筛查，慢性病风险预测、预警与综合干预，慢性病人群综合管理及效果评估等。

随着国内人口老龄化程度的加剧，慢性病群体规模持续扩大，因此催生出旺盛的慢性病管理需求。

8.1.1.1　常态化需求

慢性病如高血压、糖尿病、心血管疾病等，在老年群体中发病率较高，且病程长、难以根治。这使得慢性病管理成为银发群体日常生活的重要组成部分，需求呈现出常态化特点。老年人需要长期、持续地监测病情、调整治疗方案，以维持基本的健康状态。

比如，一位患有糖尿病的老人，需要每天按时测量血糖、控制饮食、适量运动，还需要定期到医院复诊。这种日常的自我管理和定期的医疗监测，构成了慢性病管理的核心内容。

8.1.1.2　专业化需求

随着医学技术的不断进步，慢性病管理对专业知识和技能的要求也越来越高。老年人不仅需要了解疾病的基本知识，还要掌握专业的自我管理技巧，如正确用药、使用血糖仪和血压计等。同时，他们也希望得到专业医生的指导，以便病情变化时能及时调整治疗方案。

比如，一些社区医院推出了慢性病管理服务，为老年人建立专属健康档案，定期跟踪病情，并根据数据变化调整治疗方案，满足了老年人的慢性病管理需求。

此外，一些先进的慢性病管理技术，如远程医疗监测、智能可穿戴设备等，也需要专业的技术支持，以确保数据的准确性和可靠性。

因此，银发群体对慢性病管理的专业化需求日益凸显，企业需要提供具备专业医学背景和丰富经验的团队，以及先进的技术设备。

8.1.2　康复护理需求的精细化与个性化

当银发群体经历疾病、手术或意外受伤后，康复护理是恢复健康的关键环节。相较于普通护理，老年康复护理更强调精细化与个性化。企业需要根据老年人的疾病、身体状况以及恢复阶段，制定有针对性的康复护理方案。

8.1.2.1　精细化需求

老年人生病或手术后的康复阶段，对康复护理服务的质量和细节要求极高。

康复护理不仅包括身体功能的恢复训练，还涉及心理疏导、营养指导等多个方面。

比如，对于一位因骨折而进行手术的老人，康复护理服务需要涵盖关节的活动度训练、肌肉力量的恢复以及合理的饮食搭配，以促进伤口的愈合和身体的康复。

此外，企业还需要根据老人的身体状况和康复进度，及时调整护理方案。这就要求康复护理机构具有完善的康复评估体系、专业的康复护理团队和先进的康复设备，以实现康复护理服务的精细化。

8.1.2.2 个性化需求

每位老年人的身体状况、生活习惯和心理状态都存在差异，因此对康复护理服务的需求也各不相同。一些老年人可能更注重身体功能的训练，希望能够尽快恢复独立生活的能力；而有些老年人可能更关注心理健康，希望缓解因疾病带来的焦虑和抑郁情绪。此外，不同类型的疾病和康复阶段也对康复护理服务提出了个性化的要求。

比如，对于患有脑卒中的老人，康复护理重点在于语言和肢体功能的恢复；而对于患有阿尔茨海默病的老人，则需要更多的认知训练和生活照料。

因此，企业需要深入了解每位老年人的具体需求，为其量身定制个性化的康复护理方案，提供包括康复训练、心理支持、生活照料等在内的一站式服务。

8.1.3 健康体检需求的多样化与高频化

健康意识的提升，让银发群体对健康体检的重视程度不断提高，需求呈现多样化与高频化特点。

8.1.3.1 多样化需求

银发群体对健康体检的需求不再局限于传统的常规项目，而是呈现出多样化的特点。除了基本的指标检查，如血压、血糖、血脂等，老年人还希望获得更深入、更全面的健康检查，包括肿瘤标志物检测、基因检测、心血管功能评估等。此外，随着健康意识的提高，老年人对心理、口腔、视力、听力等方面的检查也越来越重视。

比如，一些老年人会定期进行心理测评，以了解自己的心理状态；还有一些老年人会进行口腔检查，以预防口腔疾病。

这种多样化的健康体检需求，反映了老年人对身体健康和疾病预防的重视。

8.1.3.2　高频化需求

由于身体机能下降和生病风险增加，老年人健康体检的次数也越来越多。他们希望通过定期的健康体检，发现潜在的健康问题，及时采取有效的干预措施，防止疾病发生。一般来说，老年人每年至少需要进行一次全面的健康体检，而对于患有慢性疾病或存在健康风险的老年人，体检频率可能更高。

比如，患有高血压的老人可能需要每三个月进行一次血压监测和相关指标检查。

这种高频化的健康体检需求，为体检机构提供了广阔的市场空间。同时也要求体检机构具备高效的体检流程、准确的检测技术和快速的报告能力，以满足老年人的需求。

微视角

银发群体对医疗健康方面的需求各不相同。企业只有深入了解这些需求的特征，不断创新产品和服务模式，才能为老年人提供更优质、更贴心的医疗健康服务，同时也为企业自身的发展赢得机会。

8.2　模式落地实践：医疗健康商业化模式

医疗健康与银发群体的生活紧密相连，其商业化发展需兼顾社会效益与经济效益。创新商业模式、整合医疗资源，为老年人提供便捷、高效、个性化的医疗服务，成为推动银发经济高质量发展的重要动力。

8.2.1 社区医疗服务站连锁经营

社区医疗服务站连锁经营是将多个社区医疗服务站纳入统一管理体系，实现标准化服务流程、统一采购配送、集中人员培训等，形成规模效应，提升服务质量和运营效率。这种模式以社区为依托，更贴近老年人生活，能够及时响应他们的医疗健康需求。

社区医疗服务站连锁经营的要点如图 8-1 所示。

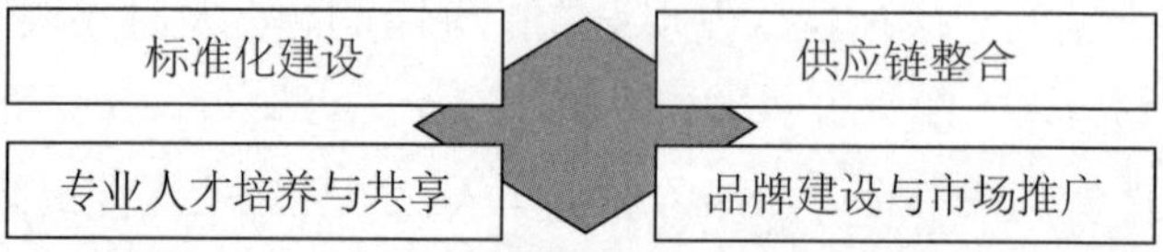

图 8-1 社区医疗服务站连锁经营的要点

8.2.1.1 标准化建设

这种经营模式需要制定统一的社区医疗服务站建设标准，包括场地布局、设备配置、服务项目等。

比如，每个服务站都配备基本的诊断设备、康复器材和急救药品，确保能够提供常见疾病的诊断、治疗和康复等服务。

同时，建立标准化的服务流程，从挂号、就诊到取药、随访，每个环节都有明确的规范，以提高服务效率和质量。

8.2.1.2 专业人才培养与共享

连锁化经营有助于集中资源进行专业人才培养。可通过定期组织内部培训、邀请专家讲座、开展学术交流等方式，提升医护人员的专业技能和服务水平。此外，还应建立人才共享机制，以便各服务站之间灵活调配医护人员，应对不同时段、不同站点的需求高峰，确保每个服务站都有足够的专业力量为老年人服务。

8.2.1.3 供应链整合

统一采购药品、医疗器械和耗材，与供应商建立长期稳定的合作关系，可争取到更优惠的价格和更可靠的质量。通过集中配送，可降低物流成本，提高物资调配效率，确保各服务站的药品和物资及时供应。同时，还应严格把控采购质量，保障老年人药品的安全。

8.2.1.4　品牌建设与市场推广

企业可打造统一的品牌形象，通过社区宣传、健康讲座、义诊活动等多种方式，提高社区医疗服务站的知名度和美誉度。利用社交媒体、社区公告栏等渠道，推广服务站的服务项目和优惠活动，吸引更多老年人前来就诊。

比如，某社区医疗服务品牌，在多个城市布局服务站点。标准化建设使各站点环境整洁、服务规范；专业人才共享机制使优质医疗资源能够覆盖更多社区；供应链整合降低了运营成本，使药品价格更具竞争力；品牌推广活动吸引了大量老年人，不仅解决了老年人看病就医的难题，还实现了良好的经济效益和社会效益，为连锁化经营提供了有力支持。

8.2.2　互联网医疗平台银发专区建设

互联网医疗平台银发专区是针对银发群体的特点在现有互联网医疗平台上开辟的专门服务区域，整合了线上问诊、健康管理、药品配送等功能，为老年人提供一站式、个性化的互联网医疗服务。这一模式打破了时间和空间限制，让老年人能够更便捷地获取医疗资源。

互联网医疗平台银发专区的建设要点如图 8-2 所示。

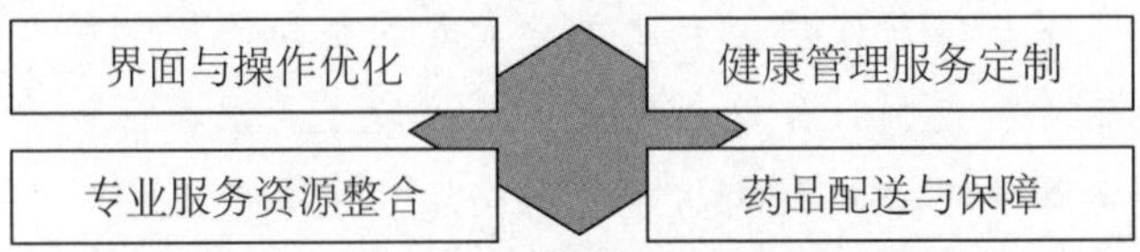

图 8-2　互联网医疗平台银发专区建设要点

8.2.2.1　界面与操作优化

考虑到老年人对电子设备操作不熟练，银发专区界面的设计应简洁明了，图标和文字要大而清晰，操作流程要简单易懂。

比如，采用一键问诊、语音输入等方式，降低老年人的使用难度。同时，提供详细的操作指南和客服支持，及时解答老年人在使用过程中遇到的问题。

8.2.2.2　专业服务资源整合

汇聚老年专科、慢性病管理、康复护理等领域的专业医生，组建银发医疗专家团队，为老年人提供在线问诊、健康咨询、远程会诊等服务，确保他们能够得到专业的医疗建议。此外，整合优质医疗机构的线下资源，为有需要的老年人提供预约挂号、转诊等便捷服务。

8.2.2.3　健康管理服务定制

根据老年人的健康状况、疾病史等信息，制定个性化的健康管理方案，包括饮食建议、运动计划、用药提醒等，并通过平台定期推送健康知识和提醒信息，帮助老年人养成良好的生活习惯，预防疾病发生。同时，利用可穿戴设备和智能监测设备，实时收集老年人的健康数据，如心率、血压、睡眠等，为医生诊断提供更准确的数据。

8.2.2.4　药品配送与保障

与正规药店和物流企业合作，建立药品配送体系，确保老年人在线上购买的药品能够及时、准确地送达。同时，加强对药品质量的监管，保障老年人用药的安全。对于一些特殊药品，应提供专业的用药指导和咨询服务。

比如，某知名互联网医疗平台推出银发专区，通过优化界面和操作流程，吸引了大量老年用户注册使用。专业医疗资源的整合使得老年人能够轻松获得专家诊断，健康管理定制服务提高了老年人的健康意识和自我管理能力，药品配送与保障服务解决了老年人购药不便的问题。该专区上线以来，用户活跃度和满意度持续提升，为互联网医疗平台在银发经济领域的发展开辟了新路径。

8.2.3　家庭医生签约服务的商业化探索

家庭医生签约服务商业化是在传统家庭医生签约服务的基础上，引入商业运营机制，通过提供增值服务、与保险机构合作等方式，实现服务的可持续性和盈利性。家庭医生可为老年人提供长期、连续、个性化的健康管理服务，成为老年人的“健康守门人”。

家庭医生签约服务商业化的要点如图 8-3 所示。

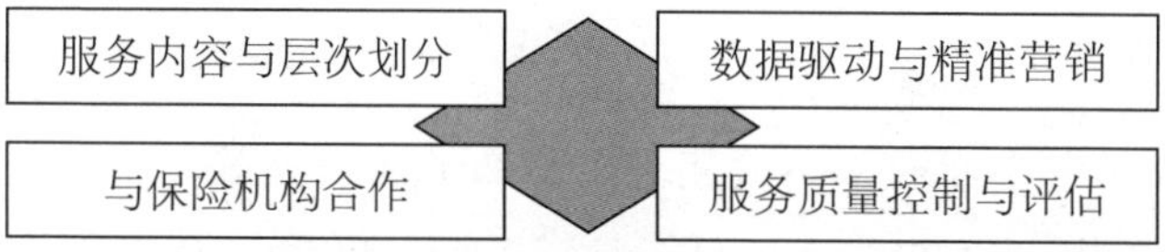

图 8-3　家庭医生签约服务商业化的要点

8.2.3.1　服务内容与层次划分

在基础服务的基础上，开发增值服务项目，以满足不同层次老年人的需求。基础服务包括建立健康档案、定期随访、健康指导等；增值服务涵盖个性化体检套餐、康复护理服务、中医理疗、紧急救援等。同时，根据服务内容和质量，制定差异化的收费标准，为有更高需求的老年人提供更优质的服务。

比如，针对患有慢性疾病的老年人，推出包含康复训练计划、营养膳食指导、心理咨询等服务的高端套餐；为注重健康管理的老年人，提供基因检测、肿瘤早筛等特色服务。

8.2.3.2　与保险机构合作

与商业保险公司联合推出“家庭医生 + 保险”的组合产品。保险公司根据签约老年人的健康数据和风险评估情况，为其定制专属保险方案，如涵盖家庭医生服务费用的健康险、针对慢性病并发症的专项保险等。家庭医生则通过提供专业的健康管理服务，降低老年人的患病风险，减少保险理赔支出，实现双方利益共享。

比如，某保险公司与家庭医生团队合作，为签约老年人提供“健康管理 + 重疾险”套餐，这之后，老年人健康状况有所改善，重疾发生率降低，保险公司理赔成本下降，同时家庭医生团队也获得了额外的服务费用。

8.2.3.3 数据驱动与精准营销

利用信息化技术，构建健康大数据平台，整合签约老年人的健康档案、就医记录、体检数据等信息，并通过数据分析，了解老年人的健康需求和消费偏好，实现服务的精准推送。

比如，根据老年人的血糖监测数据，为其推荐适合的降糖药品和保健品；根据运动习惯和身体状况，为老年人制定个性化的康复方案。

同时，基于大数据分析，开展健康风险预警，提前干预老年人的潜在健康问题，提高服务的价值。

8.2.3.4 服务质量控制与评估

建立完善的服务质量控制体系，制定家庭医生服务标准和考核指标，定期对家庭医生的服务质量进行考核和评估，包括服务态度、专业技能、服务效果等方面。并将评价结果与薪酬待遇、职业发展挂钩，对表现优秀的家庭医生给予物质奖励和晋升机会，激发其工作积极性和服务热情。

比如，某地区开展家庭医生签约服务，通过服务内容与层次划分，满足了不同老年人的需求，提高了服务品质；与保险机构合作，扩大了服务覆盖面，降低了老年人的医疗风险；数据驱动与精准营销提升了服务推广效率；服务质量控制与评估保障了服务质量，使签约老年人的数量逐年增加。家庭医生签约服务的商业化运营取得了初步成效，为银发群体提供了更全面、更优质的健康管理服务。

微视角

医疗健康领域在银发经济中的商业化落地有多种路径，企业应根据自身优势和市场情况，选择合适的模式，以满足银发群体的健康需求，实现商业价值与社会价值的双赢。

8.3 打破传统界限：应用落地与市场展望

在银发经济蓬勃发展的当下，医疗健康领域正经历着变革与创新。各产业主体不断突破传统界限，寻求从 0 到 1 的商业化落地，为银发群体提供更优质、便捷、个性化的医疗健康服务。

8.3.1 康复医疗与慢性病管理

康复医疗与慢性病管理是针对老年群体常见的慢性疾病（如高血压、糖尿病、心血管疾病等）及术后康复需求，提供的系统化、个性化医疗服务。由于老年人口慢性病发病率上升，以及术后康复对专业指导的需求增加，康复医疗与慢性病管理的市场潜力巨大。同时，老年群体对生活质量提升的渴望，也促使康复医疗与慢性病管理服务从医院向社区、家庭延伸。

8.3.1.1 市场应用模式

（1）社区康复中心与家庭联动模式。社区康复中心通过与周边医院建立紧密合作关系，为术后及慢性病老年人提供康复服务。康复中心配备专业的康复设备和康复师，可为老年人制定个性化的康复计划。同时，康复师定期上门为行动不便的老年人进行康复指导，并利用远程监测设备实时掌握其康复情况。

比如，一位老年人经历了膝关节置换手术，在社区康复中心接受专业的康复训练，康复师每周两次上门指导其进行家庭康复练习，并通过智能手环监测运动数据，及时调整康复方案，三个月后老年人行走功能基本恢复。

（2）慢性病管理平台服务模式。企业搭建慢性病管理平台，整合了医疗机构、药店、健康管理机构等的资源。老年人通过平台可预约挂号、在线问诊、查询药品信息，并享受个性化的饮食、运动建议。平台还为糖尿病患者提供血糖监测服务，将数据实时上传至平台，方便医生调整治疗方案。同时，平台与药店合作，为老年人提供药品配送服务。一位糖尿病患者使用该平台后，血糖控制稳定，减少了并发症的发生，而且就医购药更加便捷。

8.3.1.2 发展趋势展望

（1）服务精细化与个性化。未来康复医疗与慢性病管理将更加注重个体差异，会根据老年人的年龄、身体状况、疾病类型等，制定更精准的康复和治疗方案。

比如，为不同年龄段的心血管疾病患者提供差异化的运动康复方案。

（2）多学科融合。康复医疗与慢性病管理将融合医学、康复学、营养学、心理学等多学科知识，为老年人提供综合性的健康管理服务。

比如，针对阿尔茨海默病患者，结合药物治疗、康复训练、心理疏导和营养支持等多种方式，延缓病情发展。

（3）智能化与远程化。借助人工智能、大数据、物联网等技术，可实现康复医疗与慢性病管理的智能化和远程化发展。

比如，开发智能机器人辅助老年人进行康复训练，利用远程医疗系统实现医生与患者的实时互动。

8.3.2 老年药品与医疗器械的适老化创新

老年药品与医疗器械的适老化创新旨在满足老年群体特殊的生理和心理需求，提高用药的安全性和医疗器械使用的便利性。随着老年人口对药品和医疗器械需求的增加，以及健康意识的提升，适老化创新成为市场发展的必然趋势。这不仅有助于提高老年人的生活质量，还能为企业开拓新的市场空间。

8.3.2.1 药品适老化创新方向

药品适老化创新主要体现在剂型、包装、用药安全与便利性等方面，具体如表 8-1 所示。

表 8-1 药品适老化创新

序号	创新方向	具体说明
1	易吞咽剂型	许多老年人存在吞咽困难的问题，传统药片、胶囊剂型不易服用，开发口服液、口腔崩解片、分散片等易吞咽剂型成为趋势。比如，某些治疗心血管疾病的常用药，原本为普通片剂，经适老化创新后改成分散片剂型，放入水中可迅速崩解成均匀的混悬液，方便老年人服用

续表

序号	创新方向	具体说明
2	小剂量包装	老年人身体机能下降，对药物剂量更为敏感，而且他们可能需要同时服用多种药物。采用小剂量包装，既能精准控制用药量，减少药物浪费，又方便携带和服用。像一些治疗慢性病的药物，将大包装拆分成单次服用量的小包装，可提高用药的安全性和便利性
3	特殊包装设计	采用易开启瓶盖、大字体标签、颜色区分包装等设计。易开启瓶盖可避免老年人因手部力量不足而难以打开药瓶；大字体标签方便视力不佳的老年人识别药品名称、用法用量等信息；颜色区分包装则有助于老年人区分不同药物，避免误服
4	智能提醒功能	在药品包装或智能药盒中设置智能提醒功能，通过定时提醒、语音提示等方式，帮助老年人按时服药。比如，智能药盒可设置多个服药时间，到点自动发出语音提醒，并记录服药情况，方便家属和医生了解老年人用药情况
5	药物相互作用预警	利用信息技术，开发药物相互作用预警系统，并与老年人的电子健康档案关联。当老年人同时服用多种药物时，系统可自动分析药物之间的相互作用，及时发出预警，避免发生不良反应

8.3.2.2　医疗器械适老化创新方向

医疗器械适老化创新主要体现在操作便捷性、使用舒适性与安全性、监测智能化等方面，具体如表 8-2 所示。

表 8-2　医疗器械适老化创新

序号	创新方向	具体说明
1	操作流程简化	针对老年人学习能力下降、电子产品操作不熟练等特点，简化医疗器械的操作流程。比如，一些家用血糖仪、血压计等设备，操作步骤只涉及几个简单的按键，老年人无须经过专业培训即可轻松使用
2	语音交互与引导	为医疗器械设置语音交互功能，通过语音提示引导老年人完成操作。例如，在测量血压时，设备通过语音提示老年人如何正确佩戴袖带、保持姿势等，提高了操作准确性和便利性
3	人体工学设计	根据老年人的身体特点和生理需求，采用人体工学设计医疗器械。比如，助行器、轮椅等产品的设计充分考虑了老年人的身体尺寸、力量分布等因素，提高了使用的舒适性和稳定性

续表

序号	创新方向	具体说明
4	安全防护装置	增加医疗器械的安全防护措施，如防滑、防跌倒、防误触等功能。对于一些电动医疗器械，设置多重安全保护装置，确保老年人的安全
5	智能监测与数据分析	将传感器、物联网等技术应用于医疗器械，实现对老年人健康数据的实时监测和智能分析。比如，智能床垫可监测老年人的心率、呼吸、睡眠等数据，并将数据传输至手机 APP 或医疗机构平台，为老年人健康管理提供依据
6	远程医疗支持	通过医疗器械与远程医疗平台的连接，实现医生对老年人的远程诊断和治疗指导。比如，远程心电图监测设备可将老年人的心电图数据实时传输给医生，方便医生根据数据及时调整治疗方案

8.3.2.3 商业化落地路径

具体来说，老年药品与医疗器械适老化创新的商业化落地路径如图 8-4 所示。

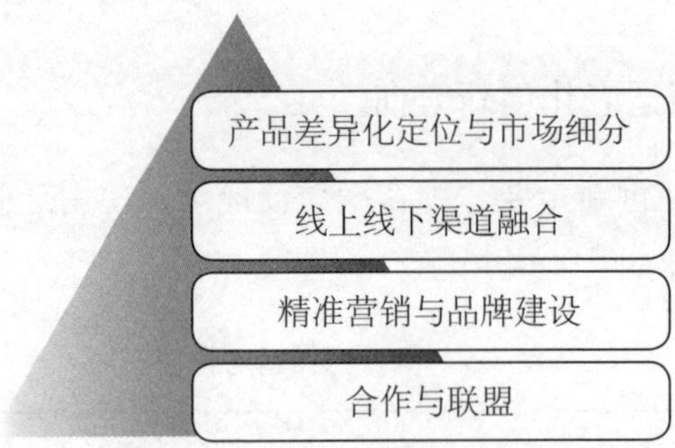

图 8-4　商业化落地路径

（1）产品差异化定位与市场细分。针对老年人的常见疾病，如心血管疾病、糖尿病、阿尔茨海默病等，开发有针对性的适老化药品和医疗器械。

比如，针对糖尿病，推出适合老年人使用的便携式血糖仪、无创血糖监测设备以及专门为老年糖尿病患者设计的降糖药物。

还应根据老年人的消费能力和支付意愿，推出不同档次的产品。高端产品注重品质、功能和智能化，适合经济条件较好、对健康管理有较高需求的老年人；中低端产品则强调性价比，可满足普通老年人的基本需求。

（2）线上线下渠道融合。利用电商平台、医疗健康 APP 等线上渠道，扩大产品销售范围；开展线上健康讲座、产品试用等活动，提高产品知名度和用户黏性。通过线上平台，老年人或其家属可以方便地了解产品信息、比较价格、下单购买。

同时，加强与药店、医疗机构、养老院等的合作。在药店设置适老化药品和医疗器械专区，并配备专业销售人员为老年人提供咨询服务和指导；与医疗机构合作，将产品纳入医院的医疗设备采购目录或推荐给患者；在养老院开展产品试用和推广活动，直接触达目标客户群体。

（3）精准营销与品牌建设。通过大数据分析，了解老年人的健康需求、消费习惯等信息，实现精准营销。树立专业、可靠、贴心的形象，提高品牌知名度和美誉度。提供优质的产品和服务，赢得老年人的信任和口碑。

比如，根据老年人的疾病史和用药记录，向其推送相关药品和医疗器械产品的信息；针对老年人的社交圈层，开展口碑营销和社群营销。

（4）合作与联盟。加强与医疗机构、养老机构等的合作与联盟，如表 8-3 所示。

表 8-3　合作与联盟

序号	模式	具体说明
1	与医疗机构合作	与医院、诊所等医疗机构建立合作关系，开展临床研究、产品试用等活动。医疗机构可为产品提供专业背书，同时将临床应用中出现的问题及时反馈给企业，促进产品改进和创新。比如，企业与医院合作开展新型适老化医疗器械的临床试验，验证产品的安全性和有效性，为产品上市提供依据
2	与养老机构合作	与养老院、老年公寓等养老机构合作，为老年人提供一站式的健康管理方案。企业可向养老机构提供适老化药品和医疗器械产品，同时提供培训和技术支持；养老机构可将产品纳入其服务体系，为老年人提供便捷的健康监测和管理服务
3	跨行业合作	与科技企业、保险公司等跨行业合作，实现资源共享、优势互补。比如，与科技企业合作开发智能健康管理平台，整合药品、医疗器械和健康数据，为老年人提供个性化的健康管理服务；与保险公司合作推出“药品 + 器械 + 保险”的组合产品，降低老年人的医疗费用

8.3.3 智慧医疗设备在家庭健康监测中的应用

随着银发群体对居家健康监测需求的增加，传统医疗监测方式受时间和空间限制，难以满足老年人的健康管理需求。智慧医疗设备凭借智能化、便携化等特点，成为家庭健康监测的重要工具。

8.3.3.1 智能手环监测心率与睡眠

科技公司推出的智能手环，具备实时监测心率、分析睡眠质量等功能。老年人佩戴后，智能手环可自动记录心率数据，通过算法分析睡眠阶段（浅睡、深睡、快速眼动期），并将数据同步至手机 APP。子女和家庭医生可通过 APP 随时查看老年人的健康数据，一旦发现心率异常或睡眠质量下降，会及时提醒老年人就医。

比如，一位患有心脏病的老年人，智能手环监测到其夜间心率持续偏高，于是家庭医生根据数据及时调整治疗方案，避免了病情恶化。

8.3.3.2 智能血压计远程传输数据

智能血压计可自动测量血压，并将数据通过蓝牙或 Wi-Fi 传输至云端，生成血压变化曲线，为医生诊断和治疗提供依据。同时，血压计还具备用药提醒功能，根据医生设定的用药时间，通过语音提示老年人按时服药。例如，一位高血压老年患者使用智能血压计后，血压控制效果明显，减少了因血压波动导致的头晕、心慌等症状。

8.3.3.3 智能血糖仪与健康管理平台联动

智能血糖仪可快速准确地测量血糖值，并将数据上传至健康管理平台。平台会根据老年人的血糖数据，结合其饮食、运动等信息，提供个性化的饮食建议和运动方案。同时，平台还支持医生远程指导，医生可根据老年人血糖波动情况，及时调整降糖药物的剂量。例如，一位糖尿病患者使用智能血糖仪后，血糖控制稳定，减少了并发症的发生。

8.3.3.4 应用效果与启示

智慧医疗设备在家庭健康监测中的应用，实现了老年人健康数据的实时采集和远程传输，为医生诊断提供了及时、准确的依据，提高了疾病预防和早期干预能力。同时，增强了老年人的健康管理意识，提升了生活质量。这说明：企业应加大研发投入，提高设备的准确性和稳定性，优化用户体验；医疗机构应加强与企业合作，推动智慧医疗设备与医疗服务的深度融合。

8.3.4　医养结合模式的创新与实践

医养结合模式将医疗资源与养老资源有机结合，为老年人提供医疗、康复、护理、养老等一体化服务，满足了老年人“有病治病、无病疗养”的需求。

医养结合模式的创新实践如图 8-5 所示。

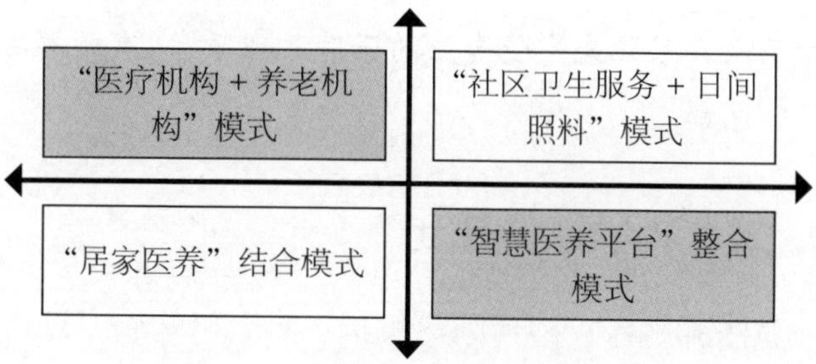

图 8-5　医养结合模式的创新实践

8.3.4.1　“医疗机构+养老机构”模式

大型医院可与周边养老院签订合作协议，由医院为养老院提供定期巡诊、专家会诊、绿色转诊等服务；养老院则为医院提供康复护理、生活照料等支持。这种模式实现了医疗与养老的无缝衔接，提高了老年人的医疗保障水平。

比如，医院定期派医护人员到养老院为老人进行体检、疾病诊断和治疗，对于病情较重的老人，可通过绿色通道快速送其至医院住院治疗。康复期间，老人回到养老院后，由养老院护理人员根据医院制定的康复计划协助老人进行康复训练。

8.3.4.2　“社区卫生服务+日间照料”模式

社区卫生服务中心与社区日间照料中心合作，在日间照料中心设立医疗服务站，为社区老年人提供基本的医疗服务、康复护理、健康咨询。老年人白天在日间照料中心接受医疗服务，晚上回家居住。社区卫生服务中心还为老年人建立健康档案，开展慢性病管理和疾病预防。该模式方便了社区老年人就近就医和养老，减轻了家庭负担。

8.3.4.3 “居家医养”结合模式

依托社区卫生服务中心，为居家老人提供上门服务。医护人员定期上门为老年人进行身体检查、慢性病管理、康复训练指导等，同时，通过智能设备远程监测老年人的健康状况。

比如,某城市推出的“家庭病床”服务,将医疗机构的病床“搬”进老年人家,让行动不便的老年人在家就能享受专业的医疗护理服务,有效解决了老年人“看病难、养老难”的问题。

8.3.4.4 “智慧医养平台”整合模式

企业搭建智慧医养平台，整合医疗机构、养老机构、康复机构、家政机构等的资源，为老年人提供线上预约挂号、远程医疗咨询、健康管理、养老服务预订等一站式服务。老年人通过手机 APP 或智能终端设备，即可享受便捷的医养服务。该模式打破了信息壁垒，提高了资源利用效率，提升了老年人的服务体验。

比如，老年人身体不适时，可通过平台预约家庭医生上门服务；需要康复护理时，可在线选择合适的康复机构和护理人员。

微视角

医养结合模式的创新实践，有效整合了医疗和养老资源，提高了服务质量和效率，满足了老年人多样化的健康养老需求。医养结合模式创新的关键在于建立紧密的合作关系，明确各方职责和利益分配机制；加强信息化建设，实现资源共享和互联互通；注重人才培养，提高服务人员的专业素质。

8.3.5 银发医疗健康市场的发展方向

随着老年人对健康需求的不断增加,银发医疗健康市场的发展方向如图 8-6 所示。

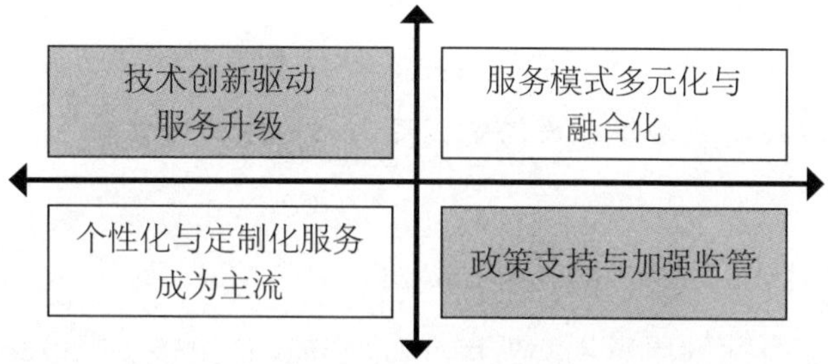

图 8-6 银发医疗健康市场的发展方向

8.3.5.1 技术创新驱动服务升级

随着人工智能、大数据、物联网、5G 等技术的不断发展，银发医疗健康市场将迎来更多创新应用。

比如，人工智能辅助诊断系统可提高疾病诊断的准确率和效率；大数据分析可实现精准的健康管理和疾病预测；物联网技术可实现医疗设备的互联互通和远程监控；5G 技术可支持高清远程医疗会诊和实时数据传输。

未来，技术创新将推动医疗服务从传统模式向智能化、个性化、远程化方向发展。

8.3.5.2 服务模式多元化与融合化

银发医疗健康服务模式将更加多元化，涵盖预防、治疗、康复、护理、养老等多个环节。同时，不同服务模式之间将加速融合，如医养结合、康养结合、医旅结合等。

比如，医养结合模式进一步深化，医疗机构与养老机构将开展更深层次的合作，实现资源共享、优势互补；康养结合模式将注重康复治疗和养生保健，为老年人提供全面的健康服务；医旅结合模式将医疗资源与旅游资源相结合，为老年人提供健康旅游、康复疗养等服务。

8.3.5.3 个性化与定制化服务成为主流

银发群体在健康需求、消费能力、生活习惯等方面存在较大差异，未来医疗健康服务将更加注重个性化和定制化。企业将根据老年人的健康状况、疾病史、基因信息等，为其制定个性化的健康管理方案、康复计划和医疗服务套餐。

比如，为患有多种慢性疾病的老年人提供多学科联合诊疗和个性化治疗方案；为注重生活品质的老年人提供高端定制化的养生保健服务。

8.3.5.4 政策支持与加强监管

为促进银发医疗健康市场的发展，政府将出台更多支持政策，加大对医疗健康领域的投入，鼓励社会资本参与。同时，加强对市场的监管，规范医疗服务行为，保障老年人的权益；制定严格的行业标准和服务规范，加强对医疗机构、养老机构、医疗器械和药品的监管；建立健全投诉举报机制，及时处理老年人的诉求。

微视角

智慧医疗设备在家庭健康监测中的应用、医养结合模式的创新与实践，为银发医疗健康市场的发展提供了宝贵经验。未来，随着技术创新、服务模式创新和政策支持的推动，银发医疗健康市场将迎来更加广阔的发展空间，为银发群体提供更加优质、高效、个性化的医疗健康服务。

第 9 章 智慧养老变革：科技重塑养老场景

学习目标

在银发经济蓬勃发展的当下，养老产业正处于从传统模式向智慧化、科技化转型的关键阶段。智慧养老以科技为支撑，通过智能化设备和系统，将养老服务延伸至老年人生活的各个场景，为养老产业带来了全新的发展机遇与商业模式。

9.1 智慧养老体系：智能技术的应用

智慧养老体系的构建是推动养老产业变革的核心力量。物联网、大数据、人工智能等技术的深度融合与创新应用，为养老场景的重塑提供了坚实的技术基础，从设备互联、服务管理到场景创新，全方位提升了养老服务的质量与效率。

9.1.1 物联网技术在养老设备中的应用

物联网技术将各类养老设备连接在一起，实现了设备间的数据交互与协同工作，为养老服务带来了革命性的变化。

9.1.1.1 技术原理与架构

物联网技术将各种传感器、执行器等设备连接到网络，实现设备之间的信息交互与协同工作。在养老设备中，物联网架构通常包括感知层、网络层和应用层，具体如图 9-1 所示。

感知层

由各类传感器组成，如可穿戴设备中的心率传感器、血压传感器，家居环境中的温湿度传感器、烟雾传感器等，负责实时采集老年人的生理数据和生活环境信息

网络层

通过 Wi-Fi、蓝牙、ZigBee 等无线通信技术，将感知层采集的数据传输至云端或本地服务器

应用层

对接收到的数据进行分析处理，并根据预设规则向相关设备发送控制指令，实现对养老设备的远程监控、智能控制与联动响应

图 9-1　物联网架构

9.1.1.2　典型应用场景

（1）健康监测与预警。可穿戴健康监测设备，如智能手环、智能手表等，内置多种生物传感器，可实时监测老年人的心率、血压、睡眠质量、运动步数等指标。当数据出现异常时，设备会立即向老年人的家属、医护人员或养老服务机构发送预警信息，以便他们及时采取干预措施。

比如，一位老人佩戴的智能手环检测到其心率突然加快且血压升高，于是系统自动向其子女的手机 APP 推送预警信息，同时通知附近社区医院的医生。医生通过远程医疗系统与老人取得联系，指导其进行初步处理，并安排救护车前往救治。

（2）智能家居适老化改造。物联网技术助力智能家居设备实现适老化改造，为老年人打造安全、便捷、舒适的居住环境，具体如图 9-2 所示。

1. 智能门锁支持指纹、密码、刷卡等多种开锁方式，方便老年人进出家门，同时该门锁具备远程开锁功能，子女可通过手机 APP 为来访亲友开门
2. 智能照明系统可根据环境光线和人体活动自动调节亮度，老年人夜间起床时，感应灯自动亮起，避免老年人在黑暗中摔倒
3. 智能家电设备如智能冰箱、智能空调等，可通过手机 APP 或语音指令被远程控制，老年人无须费力操控复杂的电器面板

图 9-2　物联网技术在智能家居适老化改造方面的应用

（3）安全防护与紧急救援。在老年人的居住环境中安装烟雾传感器、燃气传感器、红外传感器等安全监测设备，可实时监测火灾、燃气泄漏、非法入侵等安全事件。一旦发生异常情况，系统会立即发出警报，并将信息推送至相关人员。同时，配备紧急呼叫按钮，并附带位置信息，当突发疾病或摔倒时，老年人按下按钮即可向预设的紧急联系人发送求救信号，确保老年人能够及时获得救援。

9.1.1.3　商业化落地

（1）设备销售与租赁。制造商将物联网养老设备推向市场，通过销售或租赁等方式获取收益。针对不同消费能力的老年人群体，应提供多样化的产品选择和灵活的租赁方案。

比如，对于经济条件较好的老年人，可销售高端的智能健康监测设备和智能家居系统；对于经济条件一般的老年人，可提供基础款设备的租赁服务，降低使用门槛。

（2）数据服务增值。物联网设备采集的老年人健康数据和生活习惯信息具有巨大的商业价值。企业可对这些数据进行深度挖掘和分析，为医疗机构、保险公司、养老机构等提供服务。

比如，为保险公司提供老年人的健康风险评估报告，帮助其推出个性化的保险产品；为养老机构提供老年人的生活需求信息，以便其优化服务内容和资源配置。

（3）系统集成整体方案。针对养老机构、社区养老服务中心等大型客户，提供物联网养老设备系统集成整体方案。根据客户需求，开发涵盖健康监测、智能家居、安全防护等多个子系统的综合平台，实现设备的统一管理和数据的集中处理。

9.1.2　大数据驱动的养老服务精准管理

大数据技术的引入，让养老服务管理更加精准、高效。通过对老年人健康数据、生活习惯数据、消费数据等多维度信息的收集与分析，养老服务企业能够深入了解每位老人的个性化需求，从而提供有针对性的服务。

9.1.2.1 数据采集与整合

将大数据技术应用在养老服务中，首先需要建立全面、准确的数据采集体系。数据来源广泛，包括老年人健康档案、医疗记录、消费数据、社交活动数据及物联网设备实时采集的数据等。企业可通过数据接口、数据爬取、数据录入等方式，将这些分散在不同系统中的数据进行整合，构建统一的养老数据平台。

比如，将医院的信息系统与养老服务机构的管理系统对接，实现老年人医疗数据的实时共享；还可收集老年人在电商平台上的消费记录，分析其生活习惯和消费偏好。

9.1.2.2 数据分析与挖掘

运用数据分析技术对整合后的养老数据进行深度挖掘，可以发现数据背后的潜在规律和价值。常用的数据分析方法包括关联规则挖掘、聚类分析、预测分析等，具体如图 9-3 所示。

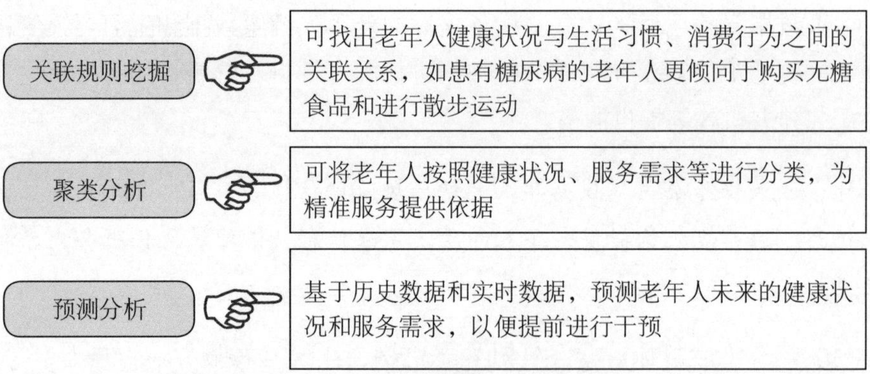

图 9-3　常用的数据分析方法

9.1.2.3 精准化服务应用

（1）个性化健康管理。根据大数据分析结果，为每位老年人制定个性化的健康管理方案，包括饮食建议、运动计划、用药提醒、康复训练等内容。

比如，对于患有高血压和肥胖症的老年人，为其制定低盐、低脂、高纤维的饮食计划，并推荐适合的运动方式，如太极拳、散步等，同时通过智能设备提醒其按时服药和进行康复训练。

（2）服务资源优化与配置。通过对养老服务需求数据的分析，合理调配服务资源，提高服务效率和质量。

比如，根据不同时间段老年人的护理服务需求，合理安排护理人员的工作班次；根据老年人居住区域的分布和服务需求的密度，优化养老服务站点的布局。

（3）服务质量评估与改进。利用大数据技术对养老服务质量进行实时监测和评估，同时收集老年人及其家属对服务的意见与建议，分析服务中存在的问题和不足。建立服务质量评估体系，对服务机构和服务人员进行量化考核，并针对评估结果制定改进措施，不断提升服务质量。

9.1.2.4　商业化发展路径

（1）数据平台运营。企业可搭建专业的养老数据平台，向养老服务机构、医疗机构、政府部门等提供数据存储、管理和分析服务。通过收取平台使用费、数据查询费等方式实现盈利。同时，要加强数据安全管理，确保老年人的个人隐私不被泄露。

（2）精准营销与广告投放。基于大数据技术分析老年人的消费偏好和需求特点，为养老产品和服务供应商精准营销提供服务，帮助企业将广告精准推送给目标客户群体，提高广告投放效果，并按照营销效果收取费用。

比如，向患有相关疾病的老年人精准推送保健品广告。

（3）决策支持与咨询服务。通过深入分析养老市场的发展趋势、政策环境、竞争态势等内容，为企业制定发展战略、规划产品、拓展市场等提供专业建议，为政府部门制定养老产业政策、规划养老服务设施布局等提供科学依据，并收取相应的咨询费用。

9.1.3　人工智能技术在养老场景中的创新应用

人工智能技术与物联网、大数据、互联网、云计算、区块链等信息化技术融合，能够优化医疗和护理服务，为养老产业带来众多的创新应用。

9.1.3.1 智能语音交互与陪伴

人工智能语音交互技术为老年人提供了便捷的沟通渠道和情感陪伴。

（1）智能语音助手可安装在老年人的手机、智能音箱等设备上，老年人通过语音指令即可完成各种操作，如查询天气、设置闹钟、播放音乐、收听新闻等。同时，语音助手还具备自然语言处理能力，能够与老年人进行简单的对话与交流，了解他们的需求，为他们提供情感支持和心理慰藉。

比如，语音助手可与老年人聊天，向他们讲笑话、分享故事，缓解他们的孤独感。

（2）一些智能机器人还具备更高级的语音交互和情感识别功能，能够根据老年人的语音语调、表情变化等判断其情绪，并做出相应的回应。

9.1.3.2 智能护理与康复辅助

人工智能应用在护理和康复领域，可减轻护理人员的工作负担，提高护理质量和康复效果。

（1）智能护理机器人能够协助老年人开展日常的生活，如穿衣、洗漱、进食、翻身等。通过传感器和视觉识别技术，机器人可以准确感知老年人的动作和需求，为其提供个性化的护理服务。

（2）在康复训练方面，智能机器人可根据患者的身体状况和康复目标，制定个性化的康复训练方案，并实时监测训练过程中的各项指标，如运动幅度、力量、速度等，及时调整训练方案，确保康复训练的安全性和有效性。

比如，对于中风后遗症患者，智能康复机器人可辅助其进行肢体训练，帮助其恢复肢体功能。

9.1.3.3 疾病诊断与预测

人工智能技术在疾病诊断和预测方面展现出巨大的潜力。

（1）通过深度学习算法对大量的医学影像数据（如 X 射线、CT、MRI 等）、病历数据和临床数据进行分析，人工智能系统能够辅助医生进行疾病诊断，提高诊断的准确性和效率。

比如，人工智能系统可快速识别医学影像中的病变特征，为医生诊断提供参考。

（2）基于老年人的健康数据和历史疾病记录，人工智能技术可建立疾病预测模型，预测老年人未来患某种疾病的风险，并提前发出预警，以便采取预防措施。

比如，预测出老年人有患心血管疾病、阿尔茨海默病等慢性疾病的风险，指导其调整生活方式，进行早期干预。

9.1.3.4 人员培训

人工智能技术可用于养老服务人员的培训，通过模拟真实的养老服务场景，让受训人员进行实践操作，来提高服务技能水平。

9.1.3.5 商业创新模式探索

（1）智能硬件与软件服务结合。人工智能企业将人工智能技术集成到养老设备中，如智能语音助手、智能护理机器人、智能康复设备等，通过销售来获取基础收益，同时提供配套的软件服务和数据增值服务。

比如，购买智能护理机器人的用户可得到定期的软件升级服务以及个性化的护理建议。

（2）人工智能系统定制服务。针对养老机构、医疗机构等专业客户，提供人工智能系统定制服务。企业可根据客户的具体需求，开发适合的人工智能系统，如智能护理系统、智能康复训练评估系统等，并通过项目实施和技术服务获取收益。

（3）与保险、医疗等行业深度合作。人工智能企业可与保险公司合作，利用人工智能技术对老年人的健康风险进行精准评估，为保险公司制定个性化的保险方案提供支持，并参与保险理赔过程中的健康数据审核和分析。与医疗机构合作，开展人工智能辅助诊断、远程医疗等项目，共同推动医疗服务的智能化升级，并通过合作分成等方式实现商业价值。

9.2 创新场景构建：智慧养老场景的打造

科技的进步为智慧养老的实现和发展提供了支持。智慧养老场景的构建涵盖了智慧养老院、居家养老、社区养老等多个层面，通过数字化管理系统、智能监护系统、智慧养老服务平台等应用，可实现养老服务的智能化、精准化与人性化。

9.2.1 智慧养老院数字化管理系统

智慧养老院数字化管理系统以信息技术为核心，通过整合多维度数据与智能设备，实现对养老院全方位、精细化的管理。

9.2.1.1 系统架构与功能模块

智慧养老院数字化管理系统的架构与功能模块如表 9–1 所示。

表 9-1 智慧养老院数字化管理系统的架构与功能模块

序号	模块	具体说明
1	基础信息管理	该模块实现了对养老院老人、员工、设施设备等信息的全面管理。老人信息包括老人个人资料、健康档案、家庭联系人等内容，方便工作人员随时了解老人的基本情况。员工信息则包括员工的基本信息、岗位信息、培训记录等，有助于领导合理安排工作任务与人员调度。养老院需要对各类设施设备进行登记、维护与跟踪，确保设备正常运行，为老人营造安全与舒适的生活环境
2	健康管理	通过与智能健康监测设备（如智能手环、血压计、血糖仪等）对接，实时采集老人的生理数据，如心率、血压、血糖、睡眠质量等。系统自动对数据进行分析，生成健康报告，并对异常数据发出预警。医护人员可根据这些数据及时调整老人的健康管理方案，如用药指导、康复训练计划等。同时，该模块还支持电子病历的管理，方便医生查阅老人的病史与治疗记录
3	护理服务管理	对老人的护理服务进行全流程管理，包括护理计划制定、任务分配、过程跟踪与质量评估。护理人员通过移动终端接收护理任务，按照标准流程为老人提供服务，并实时记录服务情况。系统根据服务记录与老人的反馈，对护理服务质量进行量化评估，为护理人员的绩效考核提供依据。此外，该模块还具备紧急呼叫处理功能，当老人按下紧急呼叫按钮时，系统立即定位老人位置并通知相关人员前去处理

续表

序号	模块	具体说明
4	餐饮管理	根据老人的健康状况、饮食偏好与营养需求，制定个性化的餐饮方案。系统可与厨房设备进行集成，实现点餐、配餐、送餐的自动化管理。同时，还能对食材采购、库存管理、成本核算等环节进行监控，确保餐饮服务的质量与成本控制。比如，对于患有糖尿病的老人，提供低糖、高纤维的餐食，并严格控制每餐的糖分摄入量
5	财务管理	负责养老院的财务收支管理，包括费用收取与报销、成本核算、财务报表生成等功能。支持多种收费方式，如现金、银行卡、移动支付等，方便老人及其家属交费。成本分析功能，还能帮助管理层优化资源配置，降低运营成本

9.2.1.2　技术应用与创新

（1）物联网技术。在养老院内安装物联网传感器，实现对老人生活环境（如温湿度、空气质量）、设施设备状态（如门窗开关、水电使用）的实时监测。

比如，在老人房间安装温湿度传感器，自动调节空调与加湿器，为老人营造舒适的居住环境。

（2）大数据分析。对系统采集的海量数据进行深度挖掘与分析，为养老院的运营管理提供支持。

比如，分析老人的健康数据与护理服务记录，预测老人的患病风险，提前制定预防措施；根据餐饮数据，优化菜品结构，提高老人的用餐满意度。

（3）人工智能辅助决策。利用人工智能算法对养老院的运营数据进行分析，为管理层决策提供数据支持。

比如，在人员调度方面，根据工作量与紧急程度，自动生成最优的人员分配方案；在物资采购方面，根据库存数据与使用情况，预测物资需求量，合理安排采购计划。

9.2.1.3　商业化运营模式

（1）服务收费。向入住的老人收取床位费、护理费、餐饮费等费用。根据老人的护理等级与服务需求，制定差异化的收费标准，满足不同消费层次老人的需求。

（2）数据增值服务。对养老院运营过程中积累的数据进行脱敏处理后，为医疗机构、科研机构、养老产品供应商等提供增值服务。

比如，与医疗机构合作开展老年疾病研究，为科研机构提供养老服务模式分析报告，向养老产品供应商提供产品需求与使用反馈。

（3）品牌输出与连锁经营。凭借智慧养老院数字化管理的成功经验，打造具有影响力的养老品牌，通过品牌输出与连锁经营的方式，在全国范围内拓展业务。向加盟商提供系统授权、人员培训、运营指导等支持，并收取品牌使用费与管理服务费。

9.2.2 居家养老智能监护系统

居家养老智能监护系统致力于打破空间限制，为居家老人提供安全、便捷的养老保障。

9.2.2.1 系统组成与功能

居家养老智能监护系统的组成与功能如表 9-2 所示。

表 9-2 居家养老智能监护系统的组成与功能

序号	系统组成	功能
1	智能终端设备	为老年人配备一系列智能终端设备，如智能手环、智能床垫、烟雾报警器、燃气泄漏探测器、紧急呼叫按钮等： （1）智能手环可实时监测老年人的心率、血压、运动步数等生理数据，并具备定位功能，方便家属随时了解老年人的位置 （2）智能床垫能够感知老年人的睡眠状态，包括入睡时间、睡眠时长、翻身次数等，为评估老年人的睡眠质量提供数据支持 （3）烟雾报警器与燃气泄漏探测器可实时监测老年人居住环境的安全状况，一旦发现异常立即发出警报 （4）紧急呼叫按钮安装在老年人易触及的位置，如床头、卫生间等，当老年人遇到紧急情况时，按下按钮即可向预设的联系人发送求救信号

续表

序号	系统组成	功能
2	家庭网关与数据传输	家庭网关作为智能终端设备与云端平台之间的桥梁，负责收集各设备采集的数据，并通过 Wi-Fi、4G/5G 网络将数据传输至云端服务器。同时，家庭网关还具备本地存储功能，在网络中断时能够临时存储数据，待网络恢复后再自动上传至云端，确保了数据的完整性与连续性
3	云端服务平台	云端服务平台是整个居家养老智能监护系统的核心，可对接收到的数据进行存储、分析与处理。通过大数据分析技术，对老年人的生理数据、生活行为数据等进行深度挖掘，并建立老年人的健康档案与行为模型。当数据出现异常时，系统自动触发预警机制，通过短信、电话、APP 推送等方式及时通知老年人家属、社区养老服务人员或医疗机构 此外，云端服务平台还提供远程医疗咨询、健康指导、生活服务预约等功能，为老年人提供全方位的居家养老服务
4	移动客户端应用	为老年人家属与养老服务人员开发的移动客户端应用，可方便他们随时随地查看老年人的健康状况、生活情况与医疗服务记录。家属可通过应用与老年人进行视频通话，了解老年人的生活状态；养老服务人员通过应用可接收服务任务、记录服务过程、反馈服务结果，实现服务流程的透明化与可追溯性

9.2.2.2　技术优势与特色服务

（1）个性化定制服务。根据年龄、健康状况、生活习惯等因素，为每位老年人制定个性化的智能监护方案。

比如，对于患有慢性疾病的老人，增加特定生理指标的监测频率，并提供有针对性的健康管理建议；对于独居老人，加强生活安全状况的监测，为其提供更多的情感关怀与生活帮助。

（2）远程医疗协同服务。与医疗机构建立合作关系，实现远程医疗协同服务。当老年人的健康数据出现异常时，云端服务平台自动将信息推送至相关的医疗机构，医生可通过远程医疗系统对老年人进行诊断与指导。对于需要进一步检查或治疗的老年人，可为其预约专家门诊、安排绿色就医通道，提高医疗服务的效率与质量。

（3）社区联动服务。将居家养老智能监护系统与社区养老服务资源进行整合，实现社区联动服务。当老年人发出紧急求助信号时，系统不仅会通知家属，还同时向社区养老服务中心发送信息，社区服务人员可第一时间上门提供帮助。此外，社区还可根据老年人的需求，为其提供送餐、购物、家政等服务，形成居家养老与社区养老的有机融合。

9.2.2.3 商业推广与盈利途径

居家养老智能监护系统的商业推广与盈利途径如图 9-4 所示。

- 设备销售与租赁：通过线上线下渠道销售智能终端设备，以满足不同消费者的购买需求。同时，针对部分经济条件有限或对设备使用期限有特殊要求的用户，提供设备租赁服务，降低用户的使用门槛
- 服务收费：推出多种服务套餐，用户可根据自身需求进行选择。服务套餐的内容包括数据监测服务、预警通知服务、远程医疗咨询服务、生活服务预约等，可按月或按年收取服务费用
- 与保险公司合作：与保险公司合作推出针对居家养老的保险产品，将智能监护设备与服务作为保险产品的增值服务。保险公司通过降低风险发生率、提高客户满意度获得收益，企业则为购买保险的老年人提供免费的智能监护设备与部分服务，实现互利共赢

图 9-4 居家养老智能监护系统的商业推广与盈利途径

9.2.3 社区智慧养老服务平台

社区智慧养老服务平台是整合社区各类养老资源的综合性枢纽，它不仅是一个技术平台，更是一个连接政府、组织和个人的桥梁。

9.2.3.1 平台架构与功能设计

（1）用户端应用。是为社区老年人及其家属开发的便捷易用的用户端应用，提供多样化的服务入口。老年人可通过应用查看社区活动信息、预约养老服务（如助餐、助浴、助洁等）、参与健康讲座与培训课程、与社区工作人员和其他

老年人进行互动交流。家属可通过应用实时了解老年人的生活状况、健康数据与服务记录，为老年人进行服务预约与费用支付等操作。

（2）服务端管理平台。服务端管理平台是社区养老服务机构进行业务管理与服务调度的核心系统。养老机构可在平台上发布服务信息、管理服务人员、分配服务任务、跟踪服务进度、评估服务质量。同时，平台还具备财务管理、物资管理、人员培训等功能，实现了社区养老服务的规范化、标准化管理。

（3）数据资源中心。数据资源中心负责整合社区内老年人的基本信息、健康数据、服务需求数据等多源数据，构建统一的社区养老数据平台。通过对数据进行深度挖掘与分析，为社区养老服务精准供给、资源优化配置、政策制定等提供数据支持。

比如，分析老年人的服务需求，合理调整社区养老服务项目；根据老年人的健康状况，合理规划社区医疗资源。

（4）外部接口与协同系统。社区智慧养老服务平台应与医疗机构、政府部门、社会公益组织等外部机构建立接口，实现数据共享与业务协同，具体如图 9-5 所示。

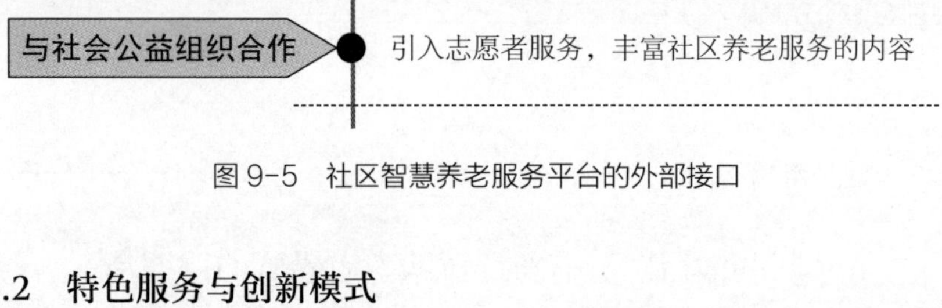

图 9-5　社区智慧养老服务平台的外部接口

9.2.3.2　特色服务与创新模式

（1）“时间银行”互助养老模式。引入“时间银行”概念，鼓励社区内低龄健康老年人为高龄、失能老年人提供志愿服务，并将服务时间存入“时间银行”。当低龄老年人需要养老服务时，可从“时间银行”中支取相应的时间，换取其他志愿者的服务。这种模式不仅促进了社区内老年人的互助与交流，还缓解了社区养老的压力。

（2）线上线下融合的社区活动。可通过平台发布丰富多彩的线上线下社区活动信息，如文艺演出、手工制作、健康讲座、户外郊游等。线上活动可通过视频直播、在线互动等形式开展，以方便行动不便的老年人参与；线下活动则组织老年人实地参加，以丰富老年人的精神文化生活，增强社区凝聚力。

（3）智慧养老体验中心。可在社区内建设智慧养老体验中心，展示各类智慧养老产品与服务，让老年人及其家属亲身体验科技带来的便捷与舒适。体验中心应配备专业的讲解人员，为老年人提供产品使用指导与咨询服务，同时收集老年人反馈的意见，为产品的优化与服务改进提供依据。

9.2.3.3　运营管理与可持续发展

（1）多元化服务收费。除了政府购买服务外，平台还可提供多样化的增值服务，如高端养老护理服务、个性化健康管理服务、特色文化娱乐活动等，并根据服务内容与质量收取相应费用，实现平台的自我造血功能。

（2）品牌建设与市场推广。加强社区智慧养老服务平台的品牌建设，通过优质的服务、良好的口碑与有效的市场推广，提高平台的知名度与美誉度。与周边社区、养老机构、企业等建立合作关系，拓展服务范围与用户边界，实现平台的规模化发展。

（3）人才培养与团队建设。注重社区养老服务人才的培养与引进，建立一支高素质的服务团队。定期组织服务人员参加培训，提升其业务水平与服务能力。同时，吸引信息技术、医疗保健、社区服务等领域的专业人才加入，为平台的创新发展提供人才支持。

相关链接

“时间银行”——新型互助养老模式值得期待

随着人口老龄化程度的加剧，近年来，一种“低龄存时间、高龄取服务”的新型互助养老模式——“时间银行”在一些地方进行试点探索。这一模式主要是：由身体较健康的低龄老人为社区高龄老人提供志愿服务，将服务时间储存起来，等到自己年老时可以取出服务时间，由低龄老人为自己提供志愿服务。

目前，我国已进入中度老龄化社会，由此带来的养老服务需求也在快速增长，如何合理有效地开展养老服务、提高老年人的生活质量，成为社会的热点话题。

2019 年，国务院办公厅印发的《关于推进养老服务发展的意见》提出，大力培养养老志愿者队伍，加快建立志愿服务记录制度，积极探索“学生社区志愿服务计学分”“时间银行”等做法。2021 年，工业和信息化部、民政部、国家卫生健康委印发的《智慧健康养老产业发展行动计划（2021～2025 年）》提到，推进“时间银行”互助养老服务。

目前，全国多个城市都在探索养老服务“时间银行”（时间互助平台）。大部分地方以提供非专业性且风险可控的服务作为“银行存款”。“货币”模式在各地稍有区别，例如，南京、青岛分别以市民卡、社保卡为载体，通过开设专门的“时间银行”账户，直接存储时间；北京、上海、成都等地以 1 小时兑换 1 个时间币的方式储存时间；张家港等地根据服务性质的不同，每小时可以兑换不同的时间币；常州则以积分方式储存时间。

经过多年的发展，“时间银行”已在我国养老服务体系中形成规模化应用，成为应对老龄化社会的重要创新形式。“时间银行”作为一种劳动时间的社会交换机制，所秉持的互助互惠、共建共享的价值理念，在满足老年人多样化需求、链接各类社会养老资源、提升老年人获得感和幸福感等方面起到了积极的作用。同时，开展“时间银行”互助养老项目，引导社区居民参与公益服务，无论是对养老助老、丰富社区生活，还是联络社区居民情感、营造社区和谐氛围，都具有重要的意义。

总而言之，“时间银行”互助养老模式以其独特的优势，走进社区并逐渐改变我们的养老方式。期待这一模式在未来得到进一步完善和发展，为居家养老及构建和谐社会带来更多的正能量。

9.3 商业模式探索：智慧养老商业化路径

随着智慧养老市场规模的不断扩大，探索切实可行的商业化路径对于产业的可持续发展至关重要。通过多元化的商业模式，将智慧养老技术与服务转化为经济价值，不仅能够满足不断增长的养老服务需求，还能推动整个产业创新升级。

9.3.1 智慧养老设备的销售与租赁

9.3.1.1 设备类型与市场需求

智慧养老设备涵盖健康监测、生活辅助、安全防护等多个领域，具体如图 9-6 所示。随着老年人口数量的增加以及人们对养老品质要求的提升，这些设备的市场需求呈现出快速增长的趋势。

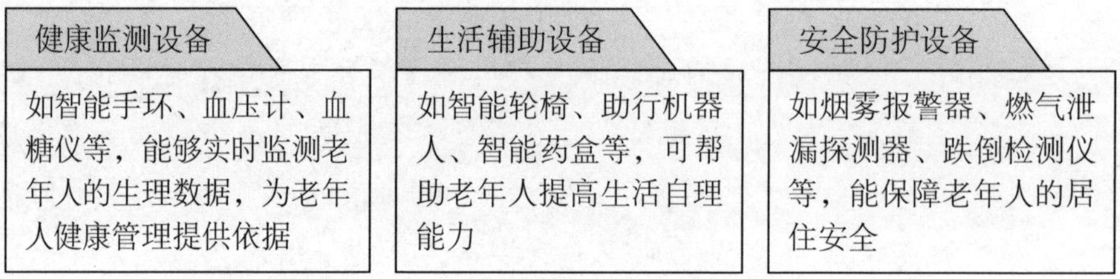

图 9-6　智慧养老设备的类型

9.3.1.2 设备的销售模式

智慧养老设备的销售模式呈现出多元化的发展态势，具体如表 9-3 所示。

表 9-3　智慧养老设备的销售模式

序号	销售模式	说明
1	直销	企业可建立自己的销售团队，直接面向养老机构、社区服务中心、老年人及其家属进行产品销售。这种模式的优势在于，企业能够直接与客户沟通，了解客户需求，为客户提供个性化的解决方案，同时获取较高的利润。比如，一些大型科技企业凭借品牌影响力和技术实力，在线下开设体验店，让老年人亲身体验设备功能，促进产品销售

续表

序号	销售模式	说明
2	经销商代理	企业可与各地经销商建立合作关系，由经销商在特定区域推广和销售智慧养老设备。经销商通常具有本地的市场资源和销售渠道，能够快速将产品推向市场。企业可以通过制定合理的代理政策和激励机制，激发经销商的积极性，扩大产品的市场覆盖范围。比如，一些生产养老设备的小型企业，通过与各地医疗器械经销商合作，将产品打入各地养老市场
3	电商平台销售	借助淘宝、京东、拼多多等主流电商平台，企业能够突破地域限制,面向全国乃至全球市场销售产品。电商平台具有流量大、用户覆盖广的特点，企业可以通过优化产品详情页、开展促销活动等方式吸引消费者购买。同时，电商平台提供的数据分析工具还能帮助企业了解消费者需求和市场趋势，为其产品研发和营销策略调整提供依据

9.3.1.3　设备的租赁模式

智慧养老设备的租赁模式正逐渐兴起，尤其适合价格较高的大型设备，具体如表 9–4 所示。

表 9–4　智慧养老设备的租赁模式

序号	租赁模式	说明
1	短期租赁	适合有临时需求的客户，如养老机构因举办活动需要临时增加设备，或老年人在短期内使用某些专业设备。企业可以根据租赁期长短收取相应费用，并提供安装、调试、培训等配套服务。短期租赁模式能够满足客户的临时性需求，降低了客户的使用成本，同时也为企业创造了额外的收入
2	长期租赁	主要针对一些资金有限或对设备更新需求不高的客户，如小型养老院、社区养老服务站点等。企业可与客户签订长期租赁合同，按年或按月收取租金，在租赁期间负责设备的维护、保养和升级。长期租赁模式能够减轻客户的资金压力，提高设备的使用效率，同时企业也能获得稳定的租金收入
3	以租代购	客户租赁设备一段时间后，如果对设备性能和服务满意，可以选择按照约定的价格购买设备。这种模式为客户提供了灵活的选择，降低了客户的购买风险，同时也为企业促进产品销售提供了一种新途径

9.3.1.4 盈利模式与市场拓展

（1）产品差异化定价。根据设备的功能、性能、品牌等因素制定差异化的价格策略，具体如图 9–7 所示。

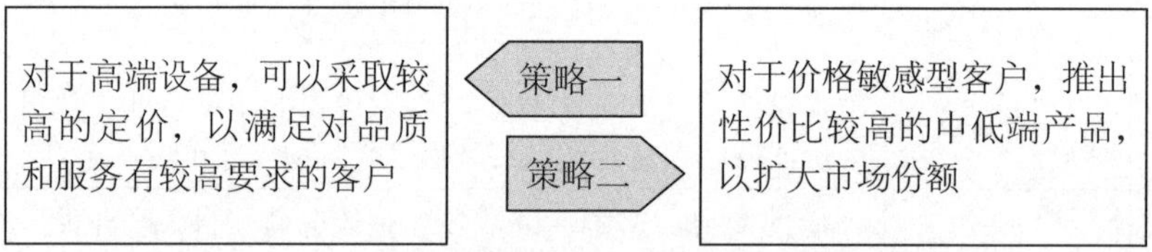

图 9–7　差异化定价策略

（2）增值服务收费。除了设备销售和租赁收入外，企业还可以提供设备安装调试、使用培训、远程监控、维修保养等增值服务，并收取相应费用。增值服务不仅能够增加企业的收入，还能提高客户满意度和忠诚度。

（3）市场细分与精准营销。针对不同的客户群体，如养老机构、社区、居家养老的老年人等，进行市场细分，制定个性化的营销策略。

比如，针对养老机构，重点推广智能化管理系统与成套的养老设备；针对居家养老群体，通过社区宣传、线上推广等方式，强调设备的便捷性和实用性。

9.3.2 养老服务数据开发与应用

养老服务数据蕴含着巨大的商业价值，通过深度挖掘和开发，能够为企业创造新的利润增长点。

9.3.2.1 数据来源与采集

养老服务数据来源广泛，主要如图 9–8 所示。通过物联网、传感器、移动应用等技术，可实现数据的实时采集与传输。

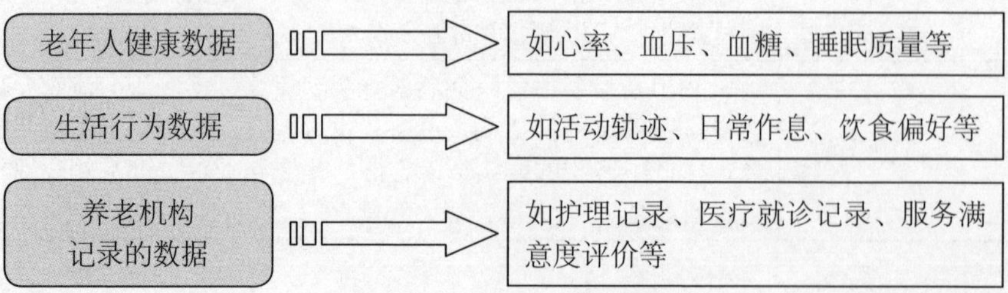

图 9–8　养老服务数据来源

9.3.2.2　数据开发方向

（1）健康风险评估与预测。利用大数据分析技术和机器学习算法，对老年人的健康数据进行深度挖掘，建立健康风险评估模型。通过分析老年人生理指标的变化趋势、生活习惯等内容，预测其可能面临的健康风险，如心血管疾病、糖尿病、阿尔茨海默病等，可提前发出预警，为养老机构和医疗机构制定有针对性的健康管理方案提供依据，从而降低老年人的患病风险。

（2）个性化养老服务推荐。基于老年人的健康数据、生活行为数据以及服务需求数据，运用机器学习算法为老年人推荐个性化的养老服务，从而提高养老服务的精准度和满意度，提升老年人的生活质量。

比如，根据老年人的健康状况推荐合适的康复训练课程、营养膳食方案；根据老年人的兴趣爱好推荐社区文化活动、旅游线路等。

（3）养老资源优化配置。通过对养老服务数据的分析，了解不同地区、不同类型养老服务的需求和供给情况，实现养老资源的优化配置。

比如，根据老年人的居住分布和服务需求，合理规划社区养老服务中心的布局；根据养老机构的服务能力与入住率，动态调整床位布局和服务人员工作任务，提高资源利用效率。

9.3.2.3　应用场景与商业模式

（1）与医疗机构合作。将养老服务数据与医疗机构的信息系统进行对接，可为医生提供更全面、准确的老年人信息，辅助医生诊断疾病和制定治疗方案。同时，医疗机构可以根据数据反馈，为养老机构提供专业的健康指导和技术支持。双方通过数据共享、联合研究、远程医疗合作等方式实现互利共赢，共同探索“医养结合”的新模式。

（2）保险行业应用。保险公司可以根据养老服务数据对老年人的健康风险进行精准评估，制定个性化的保险产品和服务方案。

比如，对于健康状况良好的老年人，提供保费优惠的保险产品；对于存在较高健康风险的老年人，提供有针对性的健康管理服务和保险附加条款。

通过数据驱动保险产品设计，能降低保险公司的赔付风险，提高市场竞争力。

（3）政府决策支持。政府相关部门可以获取养老服务数据，了解养老产业的发展现状、老年人的需求以及服务供给情况，从而更好地制定养老政策、规划养老资源。

比如，政府根据数据分析结果，合理调整养老补贴政策，加大对养老资源薄弱地区的投入，推动养老服务标准化建设，促进养老产业健康可持续发展。

9.3.2.4 数据安全与隐私保护

在养老服务数据开发与应用的过程中，数据安全和隐私保护至关重要。企业应建立严格的数据安全管理制度，采用加密技术、访问控制、数据备份等措施，确保数据在采集、传输、存储和使用过程中的安全。同时，要严格遵守相关法律法规，明确数据的使用范围和目的，并获得老年人及其家属的授权，保障老年人的合法权益不受侵犯。

9.3.3 智慧养老生态合作与资源整合

智慧养老生态合作涉及多个主体，包括智慧养老设备制造商、软件开发商、养老服务机构、医疗机构、保险公司、科研院校、社会组织等。通过生态合作，实现各方资源的优势互补，共同打造一个涵盖技术研发、产品生产、服务提供、金融支持、人才培养等全产业链的智慧养老生态系统，可为老年人提供全方位、一站式的养老服务，推动智慧养老产业向规模化、专业化发展。

9.3.3.1 合作模式与资源整合方式

（1）产业链上下游合作。智慧养老设备制造商与软件开发商合作，共同研发智能化、集成化的养老设备和系统。

比如，设备制造商负责硬件生产，软件开发商提供操作系统、数据分析算法等软件支持，实现设备的智能化升级。

同时，设备制造商与养老服务机构合作，根据服务需求定制设备功能，并提供设备安装调试、维护保养等服务，提高设备的使用效率和客户满意度。

（2）跨界合作。养老服务机构与医疗机构开展“医养结合”合作，整合医疗资源和养老服务资源，具体如图 9-9 所示。

图 9-9　养老服务机构与医疗机构的“医养结合”合作

此外，保险公司与智慧养老企业合作，可推出针对养老场景的保险产品，如养老机构责任险、老年人意外险、长期护理保险等，为养老服务企业提供保障。

（3）产学研合作。科研院校与智慧养老企业合作，开展前沿技术的研究和开发。科研院校提供人才、技术和设备支持，企业提供应用场景和资金支持，双方合作共同攻克智慧养老领域的关键技术难题，推动科技成果快速转化。

比如，产学研合作能够加快技术创新的步伐，提升智慧养老产业的技术水平。

（4）社会组织参与。鼓励社会组织参与智慧养老生态建设，发挥其在资源整合、宣传推广等方面的优势。社会组织可以组织志愿者为老年人提供生活照料、精神慰藉等服务，丰富老年人的精神文化生活；同时，通过开展公益活动等方式，提高大众对智慧养老的认知度和接受度，营造良好的社会氛围。

9.3.3.2　合作机制与利益分配

（1）建立合作联盟。各合作主体共同成立智慧养老产业合作联盟，并制定联盟章程和合作规则，明确各方的权利和义务。通过定期召开联盟会议、开展项目合作、共享信息资源等方式，加强合作主体之间的沟通与协作，形成产业合力。

（2）创新利益分配模式。根据各主体在生态合作中的贡献大小，制定合理的利益分配机制。可以采用股权合作、收益分成、项目奖励等多种方式，明确各方的利益，激发各主体的积极性和创造性。

比如，联合开发智慧养老项目时，根据各方的资金投入、技术贡献、市场推广力度等因素，确定项目收益的分配比例。

（3）共同应对风险。智慧养老生态合作过程中面临着技术、市场、政策等多种风险。各合作主体应建立风险共担机制，共同制定风险应对策略。

比如，在技术研发阶段，合作方共同投入研发资金，分担研发失败的风险；在市场推广阶段，共同制定营销策略，应对市场竞争风险。

9.3.3.3 生态建设与发展规划

（1）制定生态发展战略。明确智慧养老生态建设的长期目标和短期规划，确定各阶段的任务和重点。

比如，在短期内，重点推进产业链上下游企业的合作，完善产品和服务体系；在长期内，致力于打造一个开放、共享、协同的智慧养老生态系统，实现产业的高质量发展。

（2）加强标准制定与规范引导。积极参与智慧养老行业标准的制定，推动设备接口标准化、数据格式标准化、服务流程标准化，规范市场秩序，提高产业的整体竞争力。同时，政府和行业协会应加强对智慧养老生态建设的引导，出台相关政策，鼓励企业参与生态合作，促进产业健康发展。

（3）持续创新与生态优化。鼓励各合作主体加大研发投入，不断推出新技术、新产品、新服务，推动智慧养老生态持续创新。同时，根据市场需求和产业发展，及时调整生态合作模式和资源整合方式，优化生态系统的结构和功能，确保智慧养老生态始终保持活力和竞争力。

微视角

通过多元化的运营模式和紧密的产业合作，可以实现智慧养老技术与服务的商业化落地，为老年人提供更加优质、高效、个性化的养老服务，推动智慧养老产业迈向新的发展阶段。

第 10 章
文旅康养市场：银发消费新领域开发

学习目标

随着人口老龄化进程的加快，银发群体逐渐成为文旅康养市场的重要消费力量。文旅康养作为一种将文化旅游与健康养生深度融合的新型消费模式，不仅满足了老年人对休闲度假、文化体验和精神追求的需求，也为他们提供了一个健康、愉悦、充实的晚年生活场景。

10.1 需求洞察分析：银发文旅康养市场需求

深入洞察银发文旅康养市场需求，对于企业精准定位市场、开发符合老年人需求的产品和服务、推动银发文旅康养产业高质量发展等具有重要意义。

10.1.1　休闲度假型文旅康养需求分析

休闲度假型文旅康养以放松身心、享受悠闲时光为核心，为老年人提供了远离城市喧嚣、亲近自然的舒适环境。随着我国人口老龄化程度的加深，银发群体的消费观念逐渐转变，对休闲度假型文旅康养的需求日益旺盛。

10.1.1.1　需求驱动因素

休闲度假型文旅康养需求的驱动因素如表 10-1 所示。

表 10-1　休闲度假型文旅康养需求的驱动因素

序号	驱动因素	具体说明
1	时间与经济条件改善	银发群体拥有相对充裕的时间，许多老年人已退休，不再受工作束缚，能够自由安排出行时间。同时，随着养老保障体系的不断完善和子女的资金支持，部分老年人具备一定的经济基础，能够承担文旅康养的费用，这为休闲度假型文旅康养提供了坚实的物质保障
2	精神追求与自我实现	老年人经历了人生的奋斗阶段后，更加注重精神层面的满足和自我价值的实现。他们渴望在旅途中放松身心，摆脱日常生活的琐碎与压力，享受悠闲惬意的时光。休闲度假型文旅康养产品能够为老年人提供优美的自然环境、舒适的住宿条件和丰富的休闲活动，满足了老年人对高品质生活的向往
3	社交需求与情感交流	退休后的老年人社交圈子相对缩小，容易产生孤独感。休闲度假型文旅康养活动，为他们提供了一个结识新朋友、拓展社交圈子的平台。在旅行过程中，老年人可以与志同道合的伙伴一起分享旅行见闻、交流生活经验，增进彼此之间的情感，丰富自己的精神世界

10.1.1.2　需求偏好

休闲度假型文旅康养需求的偏好如表 10-2 所示。

表 10-2　休闲度假型文旅康养需求的偏好

序号	偏好	具体说明
1	目的地选择	银发群体更倾向于选择气候宜人、环境优美、交通便利的目的地。例如，在海滨城市（三亚、青岛等），老年人可以在沙滩上漫步，享受阳光海风的美好;在山水胜地（桂林、黄山等），清新的空气和秀丽的自然风光有助于老年人放松身心；在温泉度假区（腾冲、从化等），温泉的疗养功效对老年人的身体健康有益，因此备受青睐。此外，一些具有历史文化底蕴且生活节奏较慢的古镇（乌镇、周庄等），也是老年人休闲度假的好去处
2	住宿要求	老年人更注重住宿的舒适性和安全性，他们倾向于选择设施齐全、服务周到的酒店或民宿。房间内应配备无障碍设施，如扶手、防滑地砖等，以确保老年人的安全。同时，还要有安静的环境和良好的隔音效果，保障老年人的睡眠质量

续表

序号	偏好	具体说明
3	休闲活动喜好	休闲度假期间，老年人喜欢参加一些轻松、舒缓的活动。比如，在海边垂钓，既能享受宁静的时光，又能体验收获的乐趣；参加太极、瑜伽等养生运动课程，有助于锻炼身体、增强体质；参与棋牌娱乐、手工制作等活动，可以丰富精神文化生活。此外，一些景区推出的观光游览车、游船等慢节奏的项目，也深受老年人喜爱

10.1.1.3　消费行为特点与决策影响因素

（1）消费行为特点。银发群体的消费表现出谨慎、理性的特点。他们通常会提前规划行程，通过多种渠道收集信息，如向亲朋好友咨询、查阅旅游攻略、关注旅行社宣传等。在消费过程中，他们注重性价比，会仔细比较不同产品的价格、质量和服务内容，不轻易被夸大的宣传所吸引。

（2）决策影响因素。影响老年人选择休闲度假型文旅康养产品的因素主要包括产品质量、价格、口碑和安全，具体如图 10-1 所示。

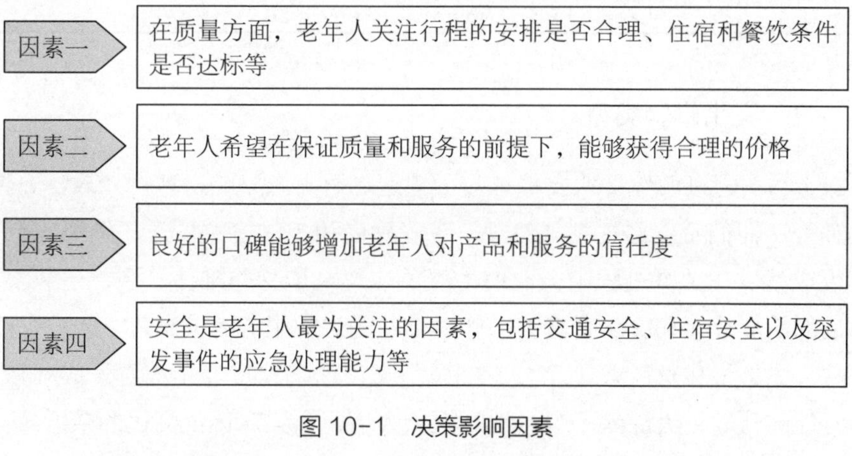

图 10-1　决策影响因素

10.1.2　文化体验型文旅康养消费偏好

文化体验型文旅康养聚焦于传统文化的传承与精神需求的满足，与银发群体的文化探索和情感寄托相契合。银发群体有着深厚的怀旧情结，对历史文化、民俗风情等内容充满兴趣。

10.1.2.1 消费动机

文化体验型文旅康养消费动机如表 10-3 所示。

表 10-3 文化体验型文旅康养消费动机

序号	消费动机	具体说明
1	文化传承与情感寄托	银发群体成长于特定的历史时期，对传统文化有着深厚的情感和认同感。他们希望通过参与文化体验型文旅康养活动，深入了解传统文化的内涵和精髓，进一步传承和弘扬民族优秀文化。比如，历史古迹、博物馆等，能够唤起老年人对过去岁月的回忆，增强他们的民族自豪感和文化归属感
2	知识获取与精神滋养	随着年龄的增长，老年人对知识的渴望并未减退，文化体验型文旅康养活动为他们提供了一个学习知识、开阔视野的平台。在参观文化场馆、参加文化讲座和体验传统手工艺制作等的过程中，老年人能够接触到丰富的历史文化和艺术形式，不断丰富自己的精神世界
3	社交互动与文化共鸣	文化体验活动也为老年人创造了交流与互动的机会。在文化体验过程中，老年人可以与他人分享自己的见解和感受，找到志同道合的朋友，从而增强社会归属感，减少孤独感

10.1.2.2 文化体验类型

（1）历史遗迹游览。银发群体对历史遗迹有着浓厚的兴趣，如故宫、长城、兵马俑等，他们希望通过实地参观，亲身感受历史的沧桑变迁，领略古代文明的辉煌成就。在游览过程中，他们不仅关注建筑本身的雄伟壮观，还热衷于了解背后的历史故事和文化背景，因此对专业的讲解服务有较高需求。

（2）民俗文化体验。丰富多彩的民俗文化活动也是老年人喜爱的项目。这些活动能够让老年人深入了解当地的风土人情，增强对传统文化的亲近感。

比如，在传统节日期间参加庙会、灯会、舞龙舞狮等活动，感受喜庆的节日氛围；体验传统手工艺制作，如剪纸、刺绣、陶艺等，唤起美好的回忆。

（3）文化艺术欣赏。老年人对文化艺术有着独特的追求，他们喜欢音乐会、戏曲表演、书画展览等项目，从中能够获得心灵的愉悦和精神的满足。一些具有地方特色的戏曲，如京剧、越剧、豫剧等，深受老年人喜爱，他们不仅欣赏演员的精彩表演，还对唱腔、服饰、舞台艺术等方面有着深入的研究。

10.1.2.3　产品设计与服务要求

（1）深度体验与个性化定制。为满足银发群体对历史文化的热爱，文旅康养产品应注重内容的深度。

比如，在历史遗迹游览中，安排专业人员进行深入讲解，带领老年人探寻遗迹背后的历史故事；在民俗文化体验中，为老年人参与传统手工艺制作提供指导，让他们真正掌握一门技艺。

同时，考虑老年人的个体差异，如兴趣爱好、身体状况等，制定个性化的文化体验服务，使每位老年人都能找到适合自己的项目。

（2）文化氛围营造与专业服务。应注重文化氛围的营造，包括场所布置和人员服饰等方面。

比如，在民俗文化体验区，还原传统的生活场景，让老年人身临其境地感受传统文化的魅力。

同时，安排专业的文化服务人员，他们不仅具有丰富的文化知识，还能热情、耐心地为老年人提供服务，解答疑问，引导老年人更好地参与文化体验活动。

（3）文化传承与互动交流。文化体验型文旅康养产品还应注重文化传承与互动交流，具体如图 10–2 所示。

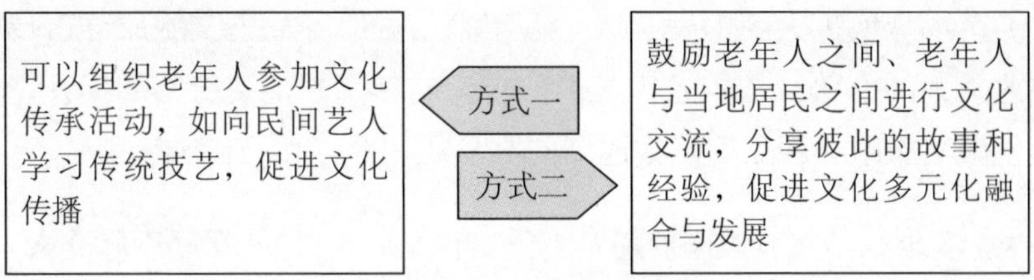

图 10–2　注重文化传承与互动交流

10.1.3　健康养生型文旅康养市场潜力

随着老年人健康意识的不断提高，他们对养生的需求不再局限于简单的保健品，而是更倾向于全方位、系统化的健康养生服务。

10.1.3.1 需求的驱动因素

健康养生型文旅康养市场需求的驱动因素如表 10-4 所示。

表 10-4 健康养生型文旅康养市场需求的驱动因素

序号	驱动因素	具体说明
1	健康意识提升与老龄化加剧	随着生活水平的提高和健康意识的增强，银发群体对自身的健康越来越重视。他们希望通过科学的方法保持身体健康、延缓衰老。同时，人口老龄化程度的不断加深，使得老年人口数量持续增加，为健康养生型文旅康养市场带来了庞大的消费群体
2	健康问题与养生需求	老年人由于身体机能下降，容易受到各种慢性疾病的困扰，如高血压、糖尿病、心脑血管疾病等。因此，他们对健康养生有着迫切的需求，希望在优美的自然环境中进行治疗、康复，同时注重学习健康养生知识，通过改善生活方式来提高生活质量
3	政策支持与产业融合发展	政府对健康养老产业的支持力度不断加大，出台了一系列鼓励政策，推动文旅康养产业融合发展。健康养生型文旅康养作为文旅康养产业的重要组成部分，得到了政策的大力扶持。此外，文旅产业与健康养生、医疗保健等产业的融合发展，也为健康养生型文旅康养市场创造了良好的环境

10.1.3.2 市场潜力与发展趋势

（1）市场规模扩大与消费升级。近年来，健康养生型文旅康养市场的规模呈现快速扩大的态势。随着老年人消费观念的转变和消费能力的提升，他们对健康养生型文旅康养产品的需求逐渐向高品质、个性化方向转变。

比如，老年人愿意为高端的温泉疗养、中医养生、康复理疗等服务支付费用，以追求更优质的服务体验。

（2）产品多元化与专业化发展。为满足不同老年人的养生需求，健康养生型文旅康养产品日益多元化。除了传统的温泉疗养、森林康养外，市场上还涌现出了中医养生旅游、运动康复旅游、禅修养生旅游等新兴产品。同时，产品的专业化程度不断提高，各类养生机构和旅游企业纷纷引入专业的医疗团队、养生专家，为老年人提供科学、系统的健康养生服务。

（3）科技赋能与智能化应用。科技的进步为健康养生型文旅康养市场带来了新的发展机遇。智能化设备和技术在健康养生领域的应用越来越广泛，例如，智能健康监测手环、可穿戴设备等，能够实时监测老年人的健康数据并传输至云端进行分析。旅游企业可以根据这些数据为老年人提供个性化的健康建议和养生方案，实现精准服务。此外，线上健康养生课程、远程医疗咨询服务的出现，也为老年人提供了更加便捷的健康养生平台。

10.1.3.3 市场开发与挑战应对

（1）精准市场定位与产品创新。企业应根据银发群体的不同年龄段、健康状况和消费能力进行精准的市场定位，开发具有针对性的健康养生型文旅康养产品。同时，不断创新产品形式和服务内容，提高产品的吸引力和竞争力。

比如，针对患有慢性疾病的老年人，推出以康复理疗为主的旅游产品；针对注重健康养生的老年人，开发以中医养生、食疗养生为特色的旅游项目。

（2）加强资源整合与产业协同。健康养生型文旅康养产业的发展需要整合多方面的资源，包括旅游资源、医疗资源、养生资源等。企业应与医疗机构、养生机构、酒店等建立紧密的合作关系，实现资源共享、优势互补。

比如，与医院合作开展远程医疗会诊、康复治疗服务；与养生机构合作开发养生课程、养生食谱等，为老年人提供全方位的健康养生方案。

（3）提升服务质量与安全保障。在健康养生型文旅康养产品中，服务质量和安全保障是关键。企业应加强员工培训，提高服务人员的专业素质和服务意识，为老年人提供优质、贴心的服务。同时，建立完善的安全管理制度，加强对旅游设施、餐饮卫生、医疗急救等方面的管理，为老年人的健康和安全保驾护航。此外，企业应积极参与行业标准的制定，推动健康养生型文旅康养市场健康、有序发展。

微视角

企业应深入了解银发群体的需求偏好，精准把握市场趋势，通过创新产品和服务、加强资源整合、提升服务质量等方式，满足老年人对“诗与远方”的向往，推动银发文旅康养产业迈向新的发展阶段。

10.2 产品服务创新：文旅康养产品服务升级

为更好地满足银发群体多样化、个性化的需求，推动产业持续健康发展，文旅康养产品与服务的创新成为关键。不断探索新的产品形态和服务模式，不仅能够为老年人提供更丰富、优质的文旅康养体验，还能为行业注入新的活力。

10.2.1 候鸟式养老旅居产品设计

候鸟式养老旅居产品是一种打破传统养老模式，根据季节、气候的变化，让老年人像候鸟一样选择适宜的地方居住、旅游、养老的综合性服务产品。它融合了旅游、居住、养生等多种功能，让老年人在享受不同地域自然风光、风土人情的同时，实现健康养老。

10.2.1.1 兴起原因

一方面，随着生活水平的提高和健康意识的增强，老年人不再满足于单一的生活环境，他们渴望在不同季节体验不同的气候和风景，追求高品质的晚年生活。另一方面，人口老龄化加剧，养老需求日益多样化，传统的家庭养老和机构养老模式难以满足部分老年人对自由、舒适生活的向往。因此，候鸟式养老旅居产品应运而生。

10.2.1.2 产品设计要点

（1）目的地选择与产品特色，具体如表 10-5 所示。

表 10-5 目的地选择与产品特色

序号	要点	具体说明
1	气候适宜	优先选择气候温暖湿润、四季如春的地区。例如，海南三亚，冬季温暖宜人，是老年人冬季避寒的热门目的地；云南大理，气候温和，空气清新，适合老年人全年居住
2	环境优美	可选择自然环境优美、空气质量好、生态环境佳的地方。比如，广西北海拥有美丽的海滩和丰富的海洋资源，老年人可以在海边散步、垂钓，享受悠闲时光；浙江千岛湖，湖光山色，水质优良，为老年人提供了亲近自然、放松身心的绝佳环境
3	文化特色	结合当地的历史文化、民俗风情等元素，打造具有独特魅力的旅居产品。比如，山东曲阜作为孔子的故乡，文化底蕴深厚，老年人可以在这里感受儒家文化；四川成都以悠闲的生活方式、丰富的美食文化和独特的川剧变脸艺术等，吸引着众多老年人

（2）居住设施与服务配套，具体如表 10-6 所示。

表 10-6 居住设施与服务配套

序号	要点	具体说明
1	居住设施	提供多样化的居住场所，包括公寓、别墅、民宿等，满足不同老年人的需求。居住房间应配备齐全的生活设施，如无障碍卫生间、紧急呼叫系统、适老化家具等，确保老年人居住得安全和舒适。同时，注重居住氛围的营造，打造温馨、宁静的居住环境
2	服务配套	建立完善的社区服务体系，涵盖餐饮、医疗、娱乐、购物等多个方面。提供营养均衡、口味多样的餐饮服务，满足老年人的饮食需求；设立社区医疗站或与周边医院建立合作关系，为老年人提供便捷的医疗服务；设置健身房、棋牌室、书画室等，丰富老年人的精神文化生活；开设小型超市、药店等，方便老年人日常购物购药

（3）行程安排与活动组织，具体如表 10-7 所示。

表 10-7 行程安排与活动组织

序号	要点	具体说明
1	行程安排	根据老年人的身体状况和兴趣爱好，合理安排旅居行程。行程不能过于紧凑，应留有充足的休息时间。比如，在旅居前期，安排一些轻松的游览活动，让老年人先熟悉周边环境；中期可组织开展一些文化体验、养生讲座等活动；后期的时间可灵活安排，让老年人根据自己的意愿自由活动

续表

序号	要点	具体说明
2	活动组织	开展丰富多彩的社交、文化、体育活动，促进老年人之间的交流与互动。比如，举办主题派对、文艺演出、手工制作等活动，拉近老年人之间的距离；组织太极拳、瑜伽、广场舞等健身活动，帮助老年人保持身体健康；开展文化讲座、历史遗迹参观等活动，满足老年人对知识的渴望

10.2.1.3 营销策略

利用线上线下相结合的营销策略，扩大产品的知名度和影响力，具体如图 10-3 所示。

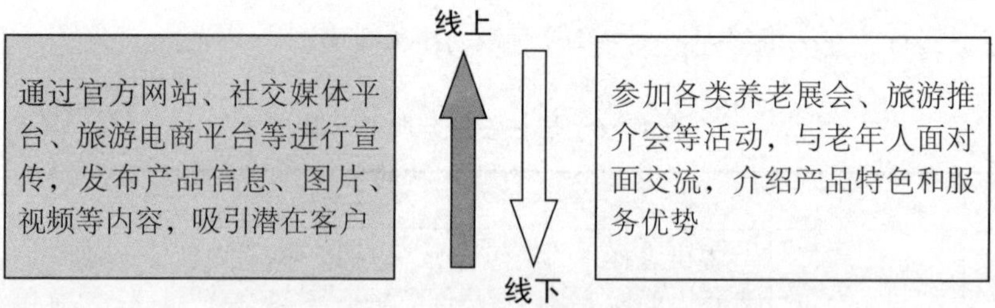

图 10-3 线上线下相结合的营销策略

10.2.1.4 客户关系管理

建立完善的客户关系管理系统，对客户信息进行记录和分析。定期回访客户，了解他们的居住体验和需求反馈，及时解决客户遇到的问题。通过举办客户答谢会、老带新优惠等活动，增强客户的忠诚度和满意度，促进口碑传播。

10.2.2 老年文化艺术培训与旅游融合

将老年文化艺术培训与旅游深度融合，是文旅康养产品创新的重要方向。这种模式以文化艺术培训为内核，以旅游为载体，满足了老年人的精神文化需求与休闲娱乐需求。

10.2.2.1　融合的意义

融合的意义体现在图 10-4 所示的几个方面。

满足精神文化需求

老年人退休后有更多的时间和精力追求精神层面的满足，文化艺术培训能够丰富他们的精神生活，提升他们的文化素养和艺术修养。将文化艺术培训与旅游相结合，让老年人在欣赏美景的同时学习文化知识，使他们身心愉悦，实现自我提升

促进社交互动

文化艺术培训为老年人提供了一个结交朋友的平台，他们在学习过程中相互交流、相互学习，增进了彼此之间的感情。旅游活动则进一步拓展了社交圈子，使老年人能够与来自不同地区的人交往，减少了他们的孤独感

推动文化传承与产品创新

老年人在文化艺术培训中可以学习传统文化，通过旅游活动可以将传统文化传播到更多的地方。同时，不同地域文化的融合，也为文旅康养产品的创新带来了新的灵感和活力

图 10-4　融合的意义

10.2.2.2　融合的模式

（1）文化艺术研学游。根据不同文化艺术，开设书法、绘画、摄影、戏曲、舞蹈等课程，并邀请专业的教师授课，采用理论与实践相结合的教学方式，让老年人在学习过程中体会到乐趣。

比如，在书法课上，先讲解书法的基本知识和技巧，然后让老年人在课堂上进行书写练习，展示他们的学习成果。

对于旅游行程安排，可将学习地点与旅游景点相结合，在学习之余安排老年人参观文化艺术场馆、历史遗迹等。

比如，在摄影研学游中，除了专业知识的培训外，还可以带领老年人前往风景优美的自然景区进行实地拍摄，让他们在实践中提高摄影水平。

（2）文化艺术主题游。围绕特定的主题，如非物质文化遗产、红色文化、民俗文化等，设计旅游线路和活动内容。

比如，以非物质文化遗产为主题，安排老年人参观非遗博物馆、非遗传承人工作室，观看非遗表演，并亲自参与非遗手工艺制作，如剪纸、刺绣、陶艺等，深入了解非物质文化遗产的魅力。

在旅游过程中，还可以开展丰富的文化艺术体验活动。例如，举办红色文化主题游时，组织老年人参观革命纪念馆、烈士陵园，聆听革命故事，重温入党誓词，增强他们的爱国主义情感。

（3）文化艺术交流游。搭建老年文化艺术交流平台，组织不同地区、不同文化背景的老年人进行文化艺术交流。

比如，举办老年文化艺术节，邀请各地的老年艺术团体参加，包括文艺演出、书画展览、摄影比赛等活动，促进文化艺术的交流与融合。

应根据活动的地点和内容，合理规划旅游线路。在活动前后，可以安排老年人游览当地的自然风光和人文景观，让他们领略不同地方的风土人情。

10.2.2.3 服务保障与质量提升

在服务保障与质量提升方面，应做到图 10-5 所示的几点。

师资队伍建设	安全保障措施	服务质量监督
聘请具有丰富教学经验的教师，确保教学质量。同时，定期对教师进行培训和考核，不断提升他们的教学能力和知识水平	在旅游过程中，尤其要重视老年人的安全问题。应制定详细的安全预案，为老年人购买足额的旅游保险；安排专业的导游和医护人员随行，确保在遇到突发情况时能够及时处理；加强对旅游车辆、住宿场所等的安全检查，为老年人提供安全可靠的旅游服务	建立服务质量监督机制，通过问卷调查、客户反馈等方式，了解老年人对产品和服务的评价。针对存在的问题，及时进行整改和优化，不断提升服务质量

图 10-5 服务保障与质量提升

10.2.3　康养主题旅游线路开发

康养主题旅游线路是以健康养生为核心，通过整合旅游目的地的自然资源、医疗资源、养生资源等，为老年人设计的兼具休闲与康养功效的特色线路。

10.2.3.1　康养主题分类与市场需求

康养主题分类与市场需求如表 10-8 所示。

表 10-8　康养主题分类与市场需求

序号	分类	市场需求
1	中医养生主题	中医养生主题的旅游受到越来越多老年人的青睐，它以中医文化为核心，融合了中医诊疗、中药养生、针灸推拿等元素。老年人可以在旅游过程中体验中医的神奇疗效，学习中医养生知识
2	运动健身主题	运动健身主题的旅游包括登山、徒步、骑行、瑜伽、太极等项目。老年人可以在优美的自然环境中进行适度运动，增强体质，提高免疫力，同时还能享受运动带来的快乐
3	温泉疗养主题	温泉具有舒缓身心、促进血液循环、缓解疲劳等功效，温泉疗养主题的旅游一直是银发群体的热门选择。这个主题以温泉资源为依托，结合温泉酒店、温泉度假村等设施，提供温泉泡浴、温泉 SPA、温泉食疗等服务，让老年人在温泉中放松身心，恢复活力
4	森林康养主题	森林富含负氧离子，具有净化空气、调节气候、改善睡眠等作用。森林康养主题的旅游可通过森林漫步、森林瑜伽、森林冥想等活动，让老年人亲近自然，呼吸新鲜空气，享受森林带来的美好意境

10.2.3.2　旅游线路开发要点

旅游线路开发要点如表 10-9 所示。

表 10-9　旅游线路开发要点

序号	要点	市场需求
1	资源整合	对当地的康养资源进行整合，包括医疗资源、自然资源、文化资源等。比如，开发中医养生主题线路时，与当地的中医医院、中药材种植基地、中医文化博物馆等建立合作关系，将中医诊疗、中药采摘、中医文化等融入旅游活动中

续表

序号	要点	市场需求
2	特色挖掘	深入挖掘当地的康养资源，打造差异化的旅游线路。比如，某地区拥有独特的温泉水质和温泉文化，可开发温泉疗养主题线路，推出特色温泉浴、温泉养生宴等产品，吸引老年人前来体验
3	行程安排	根据康养主题和老年人的身体状况，合理安排旅游行程。每天的活动时间不宜过长，要给老年人留出充足的休息时间。比如，在运动健身主题线路中，上午安排适度的登山或徒步活动，下午安排瑜伽或太极课程，晚上则安排轻松的休闲活动
4	体验设计	注重老年人的旅游体验，让老年人真正参与康养活动中。比如，在森林康养主题线路中，除了森林漫步外，还可以组织老年人参加森林科普讲座、植物识别等活动，让他们深入了解森林生态知识；在中医养生主题线路中，安排老年人跟中医专家学习简单的中医养生操，如八段锦、五禽戏等，增强他们的自我保健能力
5	医疗保障	在旅游过程中配备专业的医疗团队或与当地医疗机构建立应急救援机制，确保老年人在旅游过程中的安全。医疗团队可以定期为老年人进行健康检查，并提供健康咨询和用药指导；在老年人突发疾病或遇到意外伤害时，医疗团队能够及时进行救治
6	住宿餐饮服务	选择舒适、安全、卫生的住宿场所，根据康养主题配备相应的设施和服务。比如，在温泉疗养主题线路中，温泉酒店应配备完善的温泉设施和舒适的客房；在中医养生主题线路中，住宿场所应提供营养均衡、口味清淡、具有养生功效的餐食

10.2.3.3 市场推广与品牌建设

（1）市场精准定位。明确康养主题旅游线路的目标客户群体，根据老年人的年龄、健康状况、消费能力等，进行市场定位。

比如，针对患有慢性疾病的老年人，重点推广中医养生和温泉疗养的主题线路；针对爱运动的老年人，推广运动健身主题线路。

（2）多元渠道推广。可利用线上和线下相结合的方式，推广康养主题旅游线路，让越来越多的老年人踏上旅途，享受美好的生活。

（3）品牌形象塑造。注重品牌形象的塑造，提高康养主题旅游线路的知名度和美誉度。通过提供优质的产品和服务，赢得老年人的信任和口碑；加强品牌文化建设，推广康养理念和品牌价值观，提升品牌的影响力和竞争力。

微视角

康养主题旅游应与当地医疗机构合作，为游客提供紧急医疗救援服务。同时，邀请医疗专家随行，为老年人提供健康咨询、疾病预防等服务，进一步提升康养旅游的专业性和安全性。

相关链接

我国将增开老年人旅游列车

2025 年 1 月，商务部等 9 单位联合发布了《关于增开银发旅游列车促进服务消费发展的行动计划》（以下简称《行动计划》），提出到 2027 年，构建覆盖全国、线路多样、主题丰富、服务全面的银发旅游列车产品体系，银发旅游列车服务标准体系基本建立，形成一批主题旅游列车品牌，银发旅游列车开行数量、旅客运输量较 2024 年实现较大幅度增长。

具体来看，《行动计划》提出了多项措施来增加银发旅游列车服务供给。

（1）完善旅游列车运行保障机制，制定旅游列车开发及管理办法，明确旅游列车产品谱系、投资模式、运营组织等制度规范。

（2）鼓励多元化资本参与投资，支持包括民营企业在内的各类经营主体参与开发和运营银发旅游列车、旅游铁路专线，实行市场化自主定价。同时也鼓励国际品牌旅游列车运营企业、旅游企业参与银发旅游列车开发。

（3）加强旅游列车开发投融资支持，将银发旅游列车适老化、绿色化、舒适化改造纳入大规模设备更新和消费品以旧换新支持范围。引导金融机构强化对旅游列车技术改造和设备更新的支持。鼓励有条件的地方出台旅游列车专项支持政策。

（4）扩容旅游列车线路和产品，挖掘铁路沿线旅游资源，打造品牌银发旅游线路。推出品质型、舒适型、普惠型旅游列车产品，满足老年人多样化的需求。

在提升老年人旅游出行体验方面，《行动计划》推出了一系列暖心举措：强化适老化设施保障，研究制定银发旅游列车适老化、舒适化改造工程技术标准和列车服务相关标准，完善并落实新建铁路车站无障碍设施建设标准。结合设备更新行动，引导各地文化和旅游场所完善适老化设备设施和服务，更好地方便老年人旅游出行。

在提升银发旅游列车服务水平方面，《行动计划》提出：列车上要适量配置医疗、老年照护专业服务人员和应急药品。鼓励医疗机构与铁路部门合作，在银发旅游列车上配备医疗救护员，列车上产生的诊疗费用，可以以定点医疗机构注册地作为就医地进行医保异地就医结算。并且，特色美食、理疗保健服务、老字号产品、特色文化演出、非遗技艺及舞台艺术视频等都可以上列车，以丰富老年人的列车文化生活。

此外，《行动计划》还要求严格落实老年游客景区门票优惠政策，鼓励各地方政府、景区主管部门加大对老年游客的优惠力度。指导保险机构与旅行社、医疗机构等建立紧密合作关系，丰富针对银发群体的保险产品。

10.3 运营策略规划：文旅康养商业化运营

通过品牌建设提升项目知名度与美誉度，利用会员制与社群运营模式增强客户黏性与忠诚度，推动产业链协同发展，实现资源优化配置与产业升级，是文旅康养项目实现商业化运营的关键路径。

10.3.1 文旅康养项目品牌化建设

文旅康养项目的品牌化建设是提升市场竞争力、实现可持续发展的关键。品牌化建设需从定位、传播、品质保障等多维度发力。

10.3.1.1 品牌定位与核心价值挖掘

（1）市场细分与定位。对于文旅康养项目，应深入分析目标市场，依据老年人的年龄层次、消费能力、健康需求、兴趣爱好等因素进行市场细分。

比如，针对追求高品质生活、注重养生保健的老年群体，可瞄准高端奢华型文旅康养项目，提供定制化的健康管理方案、高级的居住条件和个性化的服务；而对于注重性价比、追求休闲娱乐的老年群体，则聚焦大众亲民型项目，推出经济实惠的旅游套餐和基础康养服务。

（2）核心价值挖掘与塑造。从项目所在地的自然环境、历史文化、康养资源等方面挖掘核心价值。

比如，项目位于风景秀丽、空气清新的山区，可强调“天然氧吧，康养胜地”的核心价值，突出自然环境对老年人身心健康的积极影响；项目周边有丰富的历史文化遗产，可塑造“文化康养，心灵滋养”的核心价值，将文化体验与康养服务相结合，满足老年人的精神文化需求。

10.3.1.2　品牌设计与传播

（1）视觉形象设计。打造具有辨识度和吸引力的品牌形象，包括品牌标志、颜色、字体等，具体如图 10-6 所示。同时，将视觉形象融入项目的宣传资料、网站、社交媒体平台等，形成统一的品牌形象。

设计一	品牌标志应简洁明了、寓意深刻，能够体现项目的特色和核心价值
设计二	可选择与自然、健康相关的色彩，如绿色、蓝色等，营造清新、舒适的感觉
设计三	字体应清晰易读，具有良好的视觉效果

图 10-6　视觉形象设计

（2）品牌故事与文化传播。打造富有感染力的品牌故事，将项目的起源、发展历程、理念、价值观等融入其中，并通过线上线下渠道进行传播。

比如，在项目官网、宣传视频中讲述项目创始人如何关注老年人健康的故事，引发老年人的情感共鸣；举办品牌文化主题活动，如康养文化节、品牌周年庆等，展示项目的文化内涵和特色服务，增强品牌的影响力和认同感。

10.3.1.3 品牌管理与维护

（1）服务质量标准建设。制定完善的服务质量标准和操作流程，涵盖康养服务、旅游服务、餐饮服务、住宿服务等多个方面。对服务人员进行专业培训，确保他们能够按照标准提供优质、规范的服务。

比如，在康养服务中，明确理疗的操作规范和流程，保证服务的安全性和有效性；在餐饮服务中，制定营养标准和食品卫生规范，为老年人提供健康、美味的餐食。

（2）客户反馈与投诉处理机制。建立畅通的客户反馈渠道，及时收集老年人的意见和建议。通过问卷调查、在线评价、电话回访等方式，了解他们对项目服务、设施、环境等方面的满意度。对于客户投诉，要高度重视，迅速响应，按照规定的流程进行处理，确保问题得到妥善解决，并将处理结果及时反馈给客户。通过不断改进服务质量，提升客户的满意度和忠诚度，维护品牌的良好形象。

（3）品牌危机预警机制。制定品牌危机预警机制，对可能影响品牌形象的负面事件进行监测和预警。关注社交媒体上的舆情动态，及时发现并处理可能引发品牌危机的信息。一旦发生品牌危机，要迅速成立处理小组，制定应对措施，通过公开道歉、积极整改等方式，降低危机对品牌的影响。

10.3.2 会员制与社群运营模式

会员制与社群运营模式能够增强客户黏性，实现持续盈利。

10.3.2.1 会员制体系设计与实施

（1）会员等级划分与权益设置。根据老年人消费金额、消费频次、忠诚度等，将会员划分为不同的等级，如普通会员、银卡会员、金卡会员、钻石会员等。同时为不同等级的会员设置差异化的权益，具体如图 10-7 所示。

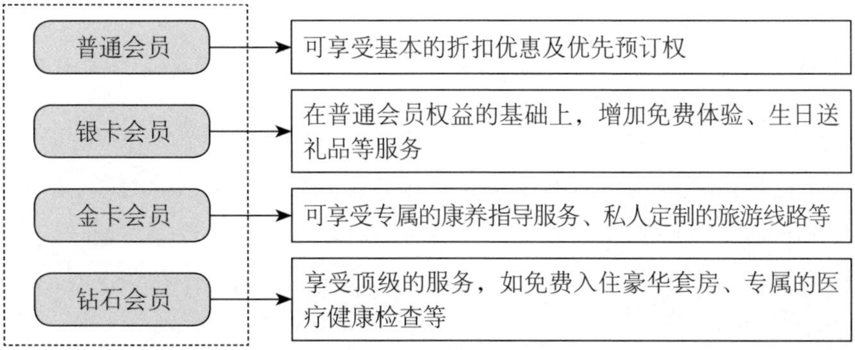

图 10-7　不同等级会员的权益

（2）会员招募与推广。通过线上线下相结合的方式进行会员招募，具体如图 10-8 所示。

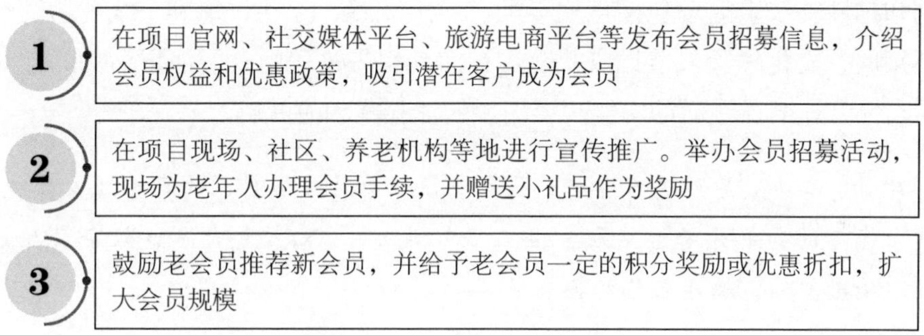

图 10-8　会员招募渠道

（3）会员数据分析与精准营销。建立会员数据库，对会员的消费行为、偏好、健康状况等信息进行记录和分析，了解会员的需求特点和消费趋势，为会员提供个性化的产品推荐和服务方案。通过精准营销，提高会员的消费频次和消费金额，增强会员的忠诚度。

比如，根据会员的健康状况，为其推荐适合的康养项目和旅游线路；根据会员的消费偏好，为其推荐相关的优惠活动和特色产品。

10.3.2.2　社群模式构建与运营

（1）社群主题与目标设定。根据文旅康养项目的特点和会员需求，确定社群的主题和目标，以吸引有共同兴趣爱好的会员加入，增强社群的凝聚力和活跃度。

比如，打造以健康养生为主题的社群，为会员提供一个交流健康知识、分享养生经验的平台；创建以旅游社交为主题的社群，鼓励会员分享旅游心得，结伴出游。

（2）社群内容策划与输出。围绕社群主题，策划丰富多样的内容，包括健康养生知识讲座、旅游攻略分享、会员活动通知、话题讨论等。通过定期发布优质内容，吸引会员关注和参与。同时，鼓励会员自主创作和分享互动，形成良好的社群氛围。

比如，每周举办一次线上健康养生讲座，邀请专家为会员讲解养生知识和技巧；每月组织一次线下旅游活动，让会员在旅游过程中增进彼此的了解。

（3）社群活动组织与开展。举办线上或线下的社群活动，增强会员之间的互动和黏性。线上活动包括直播互动、线上竞赛、主题讨论等；线下活动包括户外拓展、文化体验、节日庆祝等。在活动组织过程中，要注重活动的趣味性和参与性，让会员在活动中能获得愉悦的体验感和成就感。

比如，举办“康养达人”评选活动，鼓励会员分享自己的康养经验和成果，评选出优秀的会员并给予奖励；组织“夕阳红”旅游摄影比赛，让会员在旅游过程中拍摄美景，展示自己的摄影才华。

10.3.2.3 会员制与社群运营协同发展

（1）会员权益与社群福利融合。将会员权益与社群福利相结合，为会员提供更多的价值和优惠，提高会员参与社群活动的积极性，促进会员制与社群运营协同发展。

比如，会员在社群中参与活动可获得额外的积分奖励，用积分可兑换康养服务、旅游产品等；社群中的优质会员享有会员等级升级的特权，可获得更多的会员权益。

（2）会员反馈与运营优化。利用社群平台收集会员的意见和建议，及时了解会员的需求，从而对会员制体系、社群运营模式、产品与服务等进行优化和改进。

比如，会员在社群中提出了针对某项康养服务的意见，项目方及时进行调研和分析，对服务进行优化升级，并将改进结果反馈给会员，增强了会员的满意度和忠诚度。

微视角

通过社群运营，可收集会员的反馈和需求，为产品和服务优化提供参考，同时社群内的口碑传播，也能吸引更多潜在客户加入。

10.3.3　文旅康养产业链协同发展

文旅康养产业链涵盖旅游、医疗、养老、餐饮、住宿、文化等多个领域，产业链协同发展能够整合资源、降低成本、提升综合竞争力。

10.3.3.1　产业链上下游企业合作

（1）与康养资源供应商合作。与医疗机构、康复中心、养生馆、中药材种植基地等建立长期稳定的合作关系，具体如表 10-10 所示。通过合作，可实现康养资源的优化配置和共享，提升项目的服务水平。

表 10-10　与康养资源供应商合作

序号	合作机构	说明
1	医疗机构	可为项目提供专业的技术支持，如定期为会员进行健康体检、远程医疗等
2	康复中心	可为有康复需求的老年人制定个性化的方案，提供有针对性的康复训练服务
3	养生馆	可提供中医理疗、推拿、按摩、针灸等养生服务
4	中药材种植基地	可为项目提供优质的中药材，用于制作养生药膳和中药保健品

（2）与旅游服务提供商合作。与旅行社、酒店、景区、交通企业等加强合作，共同打造优质的文旅康养旅游产品，具体如表 10-11 所示。

表 10-11　与旅游服务提供商合作

序号	合作机构	说明
1	旅行社	可根据项目的特点和目标客户群体，设计个性化的旅游线路，将康养与旅游有机结合
2	酒店	可为老年人提供舒适、安全的住宿环境，并针对老年人的需求，设置无障碍设施，提供老年餐食
3	景区	可推出适合老年人的旅游项目和优惠政策，如门票折扣、优先入园等
4	交通企业	可提供便捷、安全的交通服务，确保老年人的出行安全

（3）与金融、保险机构合作。与银行、证券、保险等金融机构合作，为老年人提供多元化的金融服务和保险保障，具体如表 10-12 所示。通过合作，可拓展项目的服务领域，提升项目的综合竞争力。

表 10-12　与金融、保险机构合作

序号	合作机构	说明
1	银行	可为老年人提供理财咨询、存款、贷款等金融服务，帮助老年人合理规划资产
2	证券机构	可为老年人提供投资建议，让老年人的资产实现保值增值
3	保险公司	可推出针对老年人的保险产品，如康养保险、旅游意外险等，为老年人的健康和安全提供保障

10.3.3.2　产业融合与创新发展

（1）文旅康养与农业融合。开发农业康养旅游项目，将农业生产、乡村文化与康养旅游相结合，可促进农村经济发展，为老年人提供更多的康养旅游产品。

比如，建设有机农场，让老年人参与种植、采摘等农事活动，体验乡村生活的乐趣；打造乡村民宿，提供乡村特色的住宿和餐饮服务，让老年人在享受田园风光的同时，放松身心；举办乡村文化节，展示当地的民俗文化、传统手工艺等，丰富老年人的精神文化生活。

（2）文旅康养与科技融合。运用现代科技手段提升文旅康养项目的服务质量和体验感。

比如，引入智能健康监测设备，实时监测老年人的身体状况，并将数据传输到健康管理平台，为老年人提供有针对性的健康建议；开发虚拟现实（VR）、增强现实（AR）技术，让老年人在旅游过程中获得沉浸式的体验；利用大数据分析技术，对老年人的消费行为、健康数据等进行深入分析，为运营决策和产品创新提供依据。

（3）文旅康养与教育融合。开展老年教育旅游项目，将学习与旅游相结合，既能满足老年人的学习需求，又能丰富他们的精神世界。

比如，与高校、培训机构合作，开设老年课程，如书法、绘画、摄影、音乐等，让老年人在旅游过程中学习新知识、新技能；开展文化考察之旅，带领老年人参观历史文化名城、博物馆、艺术馆等，帮助他们了解历史文化知识，提升文化素养。

10.3.3.3　产业协同发展联盟与平台建设

（1）建立产业协同发展联盟。由文旅康养企业牵头，联合产业链上下游企业、科研机构、行业协会等，成立产业协同发展联盟，通过签订合作协议，明确各自的权利和义务。同时建立信息共享、资源互补、合作共赢的机制，定期召开联盟会议，共同解决产业发展中遇到的问题，推动产业协同发展。

（2）搭建产业协同发展平台。利用互联网技术搭建产业协同发展平台，实现产业链上下游企业之间的信息互通、业务对接和资源共享。平台应具有项目发布、产品展示、交易撮合、服务评价等功能，方便企业之间合作与交流。通过平台建设，可提高产业协同发展的效率和水平，推动文旅康养产业高质量发展。

比如，康养资源供应商可在平台上发布产品信息，旅游服务提供商根据需求进行采购；老年人可在平台上对服务进行评价，促进企业提升服务质量。

微视角

政府在产业链协同发展中发挥着重要作用，通过制定产业政策、搭建合作平台、提供资金支持等方式，促进产业链各环节协同创新，推动文旅康养产业繁荣发展。

第 11 章 养老金融创新：养老财富管理新蓝海

学习目标

随着我国人口老龄化进程的加快，养老财富管理成为金融领域备受瞩目的新兴板块，蕴含着巨大的发展潜力与商业机会。深入剖析养老财富管理现状，有助于精准把握市场动态，促进养老金融的创新与商业化落地。

11.1 市场情况剖析：养老财富管理现状

近年来，人们的养老意识不断增强，对养老财富管理和资产配置的需求持续增加。有六成居民认为仅依靠个人退休金难以满足养老需求。养老规划已成为全年龄段普遍考虑的问题，这为养老金融市场带来了机遇。

11.1.1 老年群体财富管理的需求

11.1.1.1 财富积累的现状

老年群体财富积累的现状如表 11-1 所示。

表 11-1 财富积累的现状

序号	现状	具体说明
1	房产主导	老年群体经过长期的奋斗与财富积累，大都拥有自己的房产，有的甚至拥有多套房产。房产不仅为老年人提供了稳定的居住场所，也成为资产保值增值的重要载体

续表

序号	现状	具体说明
2	储蓄与养老金积累	除了房产，老年群体在银行储蓄和养老金方面也有一定的积累。多年来，他们秉持着勤俭节约的生活理念，将部分收入存入银行，形成较为可观的存款。同时，随着养老保险制度的不断完善，老年人每月能够领取到一定金额的养老金，为日常生活提供了基本保障。这些储蓄和养老金构成了老年群体财富的重要组成部分
3	其他资产补充	部分老年人拥有金融资产，如股票、基金、债券等，尽管占比较小，但随着金融知识的普及和投资意识的提高，这一比例呈现逐渐上升的趋势。此外，一些老年人还拥有古董、字画等收藏品，不仅具有文化价值，也具有经济价值

11.1.1.2　理财的特点

老年人虽然拥有一定的储蓄，但风险承受能力相对较低，他们理财更关注资金的安全性和稳定性。具体来说，老年人理财的特点如图 11-1 所示。

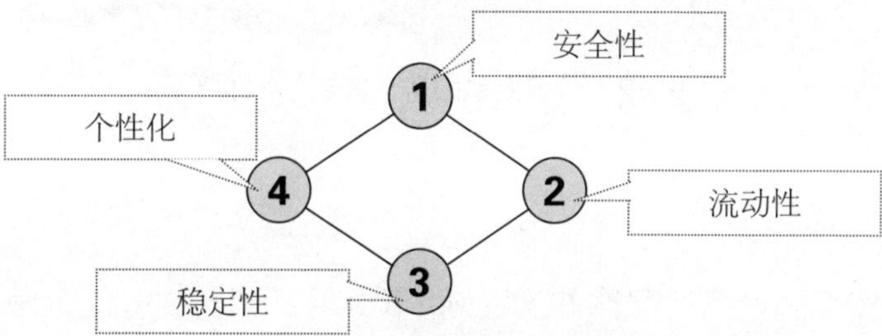

图 11-1　老年人理财的特点

（1）安全性。由于老年群体的风险承受能力相对较低，他们在理财时更注重资金的安全性，倾向于选择风险较低、收益稳定的投资产品，如银行定期存款、国债等。

（2）流动性。老年人在日常生活中可能会面临一些突发情况，因此对资金的流动性有一定要求。他们希望理财产品能够及时变现，以满足不时之需。一些短期理财产品或能灵活赎回的理财产品更受老年群体的青睐。

（3）稳定性。老年群体也希望通过理财获得一定的收益，以应对通货膨胀和养老成本的增加。他们期望理财产品的收益能够保持稳定，不出现大幅波动。

因此，一些具有固定收益的理财产品，如养老目标基金、稳健型银行理财产品等，成为他们的主要选择。

（4）个性化。随着理财意识的提高，老年群体对理财服务的个性化需求也日益凸显。老年群体在财富状况、风险偏好、投资目标等方面存在差异，希望得到量身定制的理财方案。一些金融机构开始推出针对老年群体的理财服务，如一对一理财咨询、个性化资产配置建议等，以满足他们的多样化需求。

11.1.2 养老领域中传统金融服务的不足

尽管市场需求旺盛，传统金融服务在养老领域仍存在短板，具体如图 11-2 所示。

图 11-2 传统金融服务在养老领域的不足

11.1.2.1 产品供给单一

（1）传统金融产品适配性差。目前，传统金融机构提供的金融产品大多面向大众客户群体，缺乏针对老年群体特殊需求和风险承受能力的养老专属产品。

比如，银行理财产品虽然种类繁多，但大部分产品的投资期限、收益水平和风险特征与老年群体的理财需求不匹配。一些理财产品的投资期限过长，老年群体担心资金无法及时变现；而部分收益较高的产品风险又过大，不符合老年群体追求安全性的原则。

（2）养老保险产品存在局限性。养老领域的保险产品主要集中在养老保险和健康保险两方面，保障范围和保障力度存在一定局限性，具体如图 11-3 所示。

图 11-3　养老保险产品的局限性

11.1.2.2　服务模式落后

（1）线下服务渠道不畅。传统金融机构的服务网点主要集中在城市中心区域，对于一些居住在偏远地区或行动不便的老年群体来说，办理业务存在较大困难。此外，线下的服务流程烦琐，需要填写大量的表格、提供各种证明材料，给老年群体带来了诸多不便。

（2）线上服务体验不佳。虽然部分金融机构推出了线上服务平台，但操作界面复杂、功能不够完善，老年群体在使用过程中遇到很多困难。

比如，一些线上理财产品的购买需要多次点击和验证，老年群体难以熟练操作；而且线上客服响应速度慢、解答问题不专业，无法及时满足老年群体的需求。

11.1.2.3　专业人才不足

（1）缺乏养老金融专业知识。传统金融机构的从业人员大多缺乏综合的养老金融专业知识，对老年群体的理财需求和风险特征了解不够深入，往往不能从养老的角度出发，制定出适合老年群体的理财方案。

（2）服务态度与沟通能力欠缺。部分从业人员在与老年群体沟通时缺乏耐心，不能充分理解老年群体的需求。面对老年群体的咨询时，往往使用过于专业的术语，导致老年群体难以理解，影响了服务质量和客户满意度。

11.1.3　养老金融市场的发展机遇

在政策、人口与技术的多重驱动下，养老金融市场迎来了黄金发展期。

11.1.3.1 政策支持力度加大

（1）养老金融政策不断完善。近年来，国家出台了一系列政策支持养老金融产业发展，为养老财富管理提供了良好的政策环境。

比如，鼓励金融机构开发养老目标基金、个人税收递延型商业养老保险等金融产品，给予其税收优惠；推动养老金融与养老产业的融合发展，鼓励金融机构参与养老社区建设、养老服务机构投资等。

（2）养老保障体系改革推进。随着养老保障体系改革的不断深入，基本养老保险、企业年金和职业年金、个人商业养老保险三大支柱协同发展的格局逐渐形成。这为养老金融市场带来了更多的资金来源和发展机会。金融机构可以通过参与养老保障体系的建设和管理，拓展业务领域，提高市场份额。

11.1.3.2 老年群体财富规模扩大

（1）人口老龄化推动财富积累。我国人口老龄化程度的不断加深，使得老年群体的规模持续扩大。随着经济的发展和居民收入水平的提高，老年群体的财富也在不断增长。据预测，未来几十年我国老年群体的财富将保持快速增长态势，这为养老金融市场提供了广阔的资金空间。

（2）财富传承需求增加。老年群体积累了一定财富后，开始关注财富的传承问题。他们希望通过合理的规划和配置，将财富安全、有效地传承给下一代。金融机构可以针对这一需求，推出财富传承、家族信托等财富管理服务。

11.1.3.3 金融科技赋能

（1）智能化服务提升效率。金融科技的发展为养老金融市场带来了新机遇。通过人工智能、大数据、区块链等技术，金融机构可以实现客户信息的精准分析、理财方案的个性化制定和风险的自动化评估，从而提高服务的效率和质量。

比如，利用人工智能客服为老年群体提供 24 小时不间断的理财咨询服务，及时解答他们的疑问；通过大数据分析技术为老年群体推荐合适的理财产品，提高投资决策的科学性。

（2）线上服务渠道拓展。金融科技的应用使养老财富管理服务可以突破时间和空间的限制，实现线上操作。老年群体可以通过手机银行、网上理财平台等渠道，随时随地办理理财业务、查询账户信息、获取理财资讯等。这不仅方便了老年群体，也降低了金融机构的服务成本，拓展了服务渠道。

11.2 产品创新设计：养老金融产品创新方向

随着养老财富管理需求的日益增长和金融科技的不断发展，养老金融产品创新成为推动养老金融行业发展的关键驱动力。通过创新金融模式，能够更好地满足老年群体多样化的养老需求，提升养老金融服务的质量和效率。

11.2.1 养老保险产品的多元化设计

11.2.1.1 传统养老保险产品的优化升级

传统养老保险产品的优化升级可从图 11-4 所示的几个方面着手。

图 11-4　传统养老保险产品的优化升级

（1）丰富领取方式。传统养老保险产品的领取方式相对单一，通常为定期定额领取。为满足不同老年人的生活需求和财务规划，可对领取方式进行创新。

比如，推出递增领取模式，随着年龄增长、生活成本增加，老年人领取的养老金金额逐年递增，以保障其日常的生活；设置灵活的选项，允许老年人在一定范围内根据自身实际情况，如突发重大疾病、家庭变故等，调整养老金的领取金额和频率，以增强产品的适应性。

（2）拓宽保障范围。在保障基本生活的基础上，进一步拓宽传统养老保险的保障范围，除了常见的身故、全残保障外，增加针对老年人高发疾病（如心脑血管疾病、癌症等）的额外保障条款。当被保险人患有特定疾病时，可获得一笔额外的保险金用于治疗和康复，以减轻家庭负担。同时，考虑将长期护理保障纳入其中，为需要长期护理的老年人提供费用支持，弥补传统保险的不足。

（3）优化交费方式。针对不同收入水平和财务状况的老年人，设计多样化的交费方式。除了传统的趸交和年交外，增加季交、月交等交费方式，以降低老年人的经济压力。对于收入不稳定的老年人，推出弹性交费机制，允许其在经济困难时期暂停交费，后续经济状况好转时再补交。

11.2.1.2 推出新型养老保险产品

（1）变额年金保险。变额年金保险兼具保险保障和投资增值功能。它将投保人交纳的保费扣除必要费用后，投资于多种不同的账户（如股票型账户、债券型账户、混合型账户等），投资收益与账户表现挂钩，投资账户的价值决定了养老金领取金额。这种产品既能为老年人提供养老保障底线，又能让老年人分享资本市场增长带来的收益，满足了老年人对资产保值增值和养老保障的双重需求。但需注意，投资账户的价值会随市场波动而变化，存在一定的投资风险，因此应向老年人充分说明相关风险，并提供专业的投资咨询服务。

（2）商业养老目标日期基金保险。借鉴养老目标日期基金的理念，开发商业养老目标日期基金保险产品。该产品根据不同年龄段老年人的风险承受能力和投资目标，动态调整资产配置比例。在产品设立初期，投资组合中权益类资产（如股票）占比较高，以追求较高的收益增长；随着目标日期的临近（即老年人退休年龄的临近），逐步降低权益类资产比例，增加固定收益类资产（如债券）比例，以降低投资风险，确保老年人退休时账户资金能够满足其养老需求。这种产品为缺乏投资经验和专业知识的老年人提供了一站式的养老投资服务，具有操作简单、风险适配等特点。

（3）养老团体保险。针对企业、社区等团体客户，推出养老团体保险产品。企业可以为员工购买养老团体保险作为员工福利，提高员工的归属感和忠诚度。社区也可以组织居民集体投保养老团体保险，通过规模效应降低保费成本。保险公司可以根据团体客户的需求对养老团体保险进行定制化设计，如设定不同的保障方案、交费方式和领取规则。同时，保险公司还可以为团体客户提供增值服务，如健康管理讲座、养老规划咨询等，增强产品的吸引力。

11.2.2 养老专项理财产品的开发

11.2.2.1 目标日期型养老理财产品

目标日期型养老理财产品以投资者的退休日期为目标，根据投资者距离退休的年限动态调整资产配置策略。产品设立时设定一个目标退休日期，在产品生命周期内，随着目标日期的临近，自动降低权益类资产（如股票）的投资比例，增加固定收益类资产（如债券）和现金类资产的比例，从而降低投资组合的整体风险，确保在退休时能够为投资者提供稳定的资金流。

此类产品具有明确的投资目标和风险适配性，投资者无须自行进行资产配置，只需根据自己的退休日期选择相应的产品即可。同时，产品采用长期投资策略，能够平滑市场短期波动的影响，确保资产长期稳健增值。

在产品设计过程中，需要充分考虑风险控制与收益平衡。通过科学的风险评估模型和资产配置算法，确定不同阶段权益类资产和固定收益类资产的合理比例。同时，建立严格的风险监测和预警机制，当市场出现极端波动时，及时调整资产配置，确保产品的风险水平在可控范围内。在追求收益方面，通过选择优质的投资标的和多元化的投资策略，提高产品的收益潜力，为投资者的养老生活提供有力支持。

微视角

产品设计应注重与个人养老金账户的衔接，可通过税收递延优惠政策，吸引居民对个人养老金账户资金进行投资，形成养老财富积累“税收—投资”的良性循环。

11.2.2.2 目标风险型养老理财产品

目标风险型养老理财产品根据投资者的风险承受能力可分为保守型、稳健型、平衡型、进取型等不同风险等级，具体如图 11–5 所示。

类型一	保守型产品主要投资低风险的固定收益类资产，追求稳定的收益，确保本金安全
类型二	稳健型产品在保证本金安全的前提下，适当投资权益类资产，以获取适度的收益增长
类型三	平衡型产品在权益类资产和固定收益类资产之间进行均衡的配置，追求风险与收益的平衡
类型四	进取型产品更侧重于权益类资产的投资，追求较高的收益，但同时也面临着较高的风险

图 11-5　目标风险型养老理财产品的类型

投资者可以根据自己的风险偏好和养老目标，选择适合的目标风险型养老理财产品。这种产品为投资者提供了更多的投资选择，满足了不同投资者的多样化需求。

比如，风险承受能力较低、注重本金安全的老年人可以选择保守型产品；而具有一定风险承受能力、希望实现资产增值的老年人可以选择稳健型或平衡型产品。

虽然目标风险型养老理财产品设定了明确的风险等级，但在产品运作过程中，仍可以根据市场变化和投资组合的实际情况进行动态调整。当市场风险发生变化或投资组合的风险偏离目标风险等级时，应及时调整资产配置，确保产品的风险水平始终与设定的风险等级相匹配。同时，加强风险管理，运用风险对冲工具和策略，降低市场波动对产品收益的影响。

11.2.2.3　养老主题型理财产品

养老主题型理财产品将资金主要投资于与养老产业相关的领域，如养老社区建设、老年医疗服务、老年消费品生产等。随着我国人口老龄化程度的加深，养老产业迎来了巨大的发展机遇，具有广阔的市场前景和稳定的收益预期。通过投资，养老主题型理财产品能够分享养老产业发展的红利，为投资者带来较好的投资回报。

目前，国家出台了一系列政策支持养老产业发展，为养老主题型理财产品的推广提供了良好的环境。同时，养老产业具有需求刚性、抗周期性强等特点，在经济波动时期能够保持相对稳定的业绩表现。保险公司可以充分利用这些优势，通过专业的投资分析和资产配置，挖掘养老产业中优质的投资标的，实现资产的稳健增值。

为满足不同投资者的需求，还可以对养老主题型理财产品进行创新设计。

比如，推出封闭式和开放式相结合的产品结构，封闭期为投资者提供稳定的投资环境，便于投资管理人进行长期投资布局；开放期则满足投资者的流动性需求，允许投资者在一定期限内进行申购和赎回。

此外，还可以根据投资者的偏好，设计不同投资期限和收益特征的养老主题型理财产品，吸引更多的投资者。

11.2.3 以房养老模式的深入发展

11.2.3.1 反向抵押养老保险

反向抵押养老保险是以房养老的核心模式之一。老年人将自有住房抵押给保险公司或其他金融机构，在保留房屋居住权的前提下，定期从金融机构获得养老金。当老年人去世后，金融机构通过处置房产收回贷款本息。为推动反向抵押养老保险的发展，需要进一步完善相关政策法规，明确房产评估、贷款发放、养老金领取、房产处置等环节的操作规范和风险分担机制。同时，加强对老年人的宣传教育，提高他们对反向抵押养老保险的认知度和接受度。金融机构也应加强风险管理，合理评估房产价值，控制贷款风险。

11.2.3.2 售后回租模式

售后回租模式是指老年人将自有住房出售给特定的机构或个人，同时签订长期租赁合同，继续居住在该房屋中，并定期获得租金收益。这种模式既能让老年人提前获得房产的现金价值，用于改善养老生活；又能保证其继续居住在熟悉的环境中。这种模式，需要设立规范的交易流程和合同条款，保障双方的合法权益。

比如，明确租金调整机制、房屋维修责任、租赁期限届满后的处理方式等，避免出现纠纷。

11.2.3.3 共享养老住房模式

共享养老住房模式是基于共享经济理念的一种新型养老模式。老年人将自己的闲置住房与他人共享，通过收取一定的租金或服务费用，实现房产的价值。通过搭建共享养老住房平台，可以整合闲置房源和有需求的老年人信息，并提供信息发布、匹配撮合、交易保障等服务。在平台运营过程中，要注意对房源和租客的审核，确保交易的安全性和可靠性。

11.2.4 养老信托模式的创新应用

11.2.4.1 家族养老信托

家族养老信托是一种将家族财富管理与养老保障相结合的金融模式。高净值家庭通过家族养老信托，将家族资产委托给专业的信托机构进行管理；信托机构根据委托人的意愿，为家族中的老年人提供养老资金支持、生活照料、医疗保障等服务。信托机构可以根据家族的具体情况对家族养老信托进行个性化设计，如设定不同的受益人、分配规则、投资策略等。同时，信托机构还可以发挥其专业优势，对家族资产进行合理配置和风险管理，实现家族财富传承和养老保障的双重目标。

11.2.4.2 慈善养老信托

慈善养老信托是将慈善理念与养老金融相结合的一种创新模式。委托人将一定金额的资金或资产设立为慈善养老信托，信托收益用于支持养老事业，如建设养老院、发放养老服务补贴、开展老年文化活动等。慈善养老信托不仅能为老年人提供实际的帮助，还能弘扬慈善精神，促进社会和谐发展。

设立慈善养老信托时，需要明确信托目的、受益人范围、资金使用方向等关键条款，并接受相关部门的监管，确保信托资金的使用合法合规、公开透明。

11.2.4.3 保险金信托养老模式

保险金信托养老模式是将保险与信托相结合的一种创新型养老金融安排。投保人购买保险产品，并将保险金请求权设立为信托财产，委托给信托机构进行管理。当保险事故发生或约定的保险金给付条件成就时，保险公司将保险金支付给信托机构；信托机构按照信托合同的约定，为受益人（老年人）提供养老资金支持。这种模式结合了保险的保障功能和信托的资产管理、财富传承功能，能够为老年人提供稳定、长期的养老资金保障，同时还可以实现资产的灵活安排和风险隔离。

11.2.5　养老消费金融模式的探索实践

11.2.5.1　养老消费分期产品

针对老年人对养老消费的需求，如养老服务、老年用品、旅游度假等，金融机构可以推出养老消费分期产品。老年人可以根据自己的经济状况和消费需求，选择合适的还款期限和方式，将大额消费支出分摊到多个还款期内，避免了一次性支付的压力。在开发养老消费分期产品时，需要合理设定分期费率，确保费率水平符合市场规律和老年人的承受能力。同时，应加强对消费场景和商户的管理，防范欺诈风险和信用风险。

11.2.5.2　养老信用卡产品

设计专门的养老信用卡产品，为老年人提供便捷的支付方式和丰富的消费权益。养老信用卡可以设置较低的信用额度，以降低过度消费的风险；同时，针对老年人的消费特点，提供与养老相关的特色权益，如养老机构消费折扣、健康体检优惠、老年大学报名优惠等。

此外，还可以建立信用评估模型，根据老年人的信用记录和消费行为，确定信用额度和增值服务，提高老年人的用卡体验。

11.2.5.3　养老消费供应链金融

金融机构可以为养老产业链上的企业如养老服务提供商、老年用品生产企业等提供融资支持，促进养老消费产业的发展。

比如，通过应收账款质押融资、存货质押融资等方式，解决企业资金周转难的问题，帮助企业扩大生产规模、提升服务质量，从而为老年人提供更多、更好的养老消费产品和服务。

同时，通过供应链金融的协同效应，加强产业链上下游企业之间的合作，降低交易成本，提高整个养老消费产业的运行效率。

11.3 服务体系构建：养老金融服务体系搭建

养老金融服务体系的构建是满足老年群体多元化养老需求、推动养老金融行业健康发展的关键，能够为老年群体打造全方位、多层次的养老金融服务生态。

11.3.1 养老财富规划咨询服务

11.3.1.1 个性化财富管理方案制定

（1）全面评估客户情况。专业的养老财富规划师应与老年客户进行深入沟通，全面了解其财务状况，包括现有资产（如房产、存款、金融资产等）、负债（如房贷、其他贷款等）、收入来源（如养老金、退休金、投资收益等）以及支出（日常生活开销、医疗费用、子女补贴等）等情况。同时，详细询问客户的养老目标，如养老生活水平、居住安排（居家养老、社区养老还是机构养老）、长期护理需求等，以及风险承受能力，通过专业的风险测评工具，确定客户能够接受的投资波动范围。

（2）定制专属理财方案。基于对客户情况的精准评估，为客户制定专属的养老财富管理方案，涵盖资产配置策略。根据客户的风险偏好和养老目标，合理分配股票、债券、基金、保险等各类资产的比例。

比如，对于风险承受能力较低、追求稳健养老的客户，可适当增加债券和保险产品的配置；对于有一定风险承受能力、希望实现资产增值的客户，可适当提高股票和股票型基金的占比。

同时，养老财富管理方案中还应包括养老资金储备计划，明确不同阶段储备资金的金额和投资方式；以及税务筹划建议，帮助客户合理利用税收政策，降低养老财富的税务负担。

（3）动态调整与优化。由于市场环境、客户需求等情况不断变化，养老财富管理方案也不能一成不变。规划师需定期（如每年或每半年）与客户进行沟通，重新评估客户的财务状况、养老目标和风险承受能力，对管理方案进行动态调整和优化。

比如，市场出现重大波动，需要调整资产配置比例来降低风险；客户家庭情况发生变化（如子女经济状况改善、突发重大疾病等），也需要相应调整养老资金储备计划。

11.3.1.2　专业养老知识普及与教育

（1）开展多样化培训活动。金融机构可定期组织开展养老知识讲座、研讨会、线上课程等多样化的培训活动，邀请行业专家、学者为老年客户讲解养老金融政策、投资理财知识、保险产品特点等内容。通过实际案例分析和互动交流，帮助老年客户更好地理解养老金融知识，提高投资决策能力。

（2）提供个性化学习资料。针对不同客户的需求和知识水平，提供个性化的学习资料。对于金融知识较为薄弱的客户，可提供简单易懂的养老金融科普手册、漫画版投资指南等；对于有一定金融基础的客户，可提供专业的行业研究报告、投资分析文章等。同时，利用金融机构的官方网站、手机 APP 等平台，建立养老金融知识库，方便客户随时查询和学习。

（3）建立学习交流社区。搭建线上或线下的学习交流社区，为老年客户提供一个分享养老经验、交流投资心得的平台。在社区中，客户可以提出自己在养老财富投资过程中遇到的问题，由专业规划师或其他有经验的客户进行解答。

11.3.1.3　长期陪伴式服务

（1）设立专属服务团队。为老年客户建立专属的养老财富管理团队，包括规划师、投资顾问、客服人员等，具体职责如图 11-6 所示。

职责一	规划师负责制定和调整养老财富管理方案，为客户提供专业的投资建议
职责二	投资顾问负责根据市场变化和客户资产配置情况，进行具体的投资操作和风险管理
职责三	客服人员负责及时响应客户的需求，处理客户的问题和投诉

图 11-6　专属服务团队的职责

（2）定期沟通与跟进。服务团队需与客户保持定期沟通，了解客户的生活变化、投资体验和需求调整。沟通方式可以是面对面交流、电话沟通、线上视频会议等。及时向客户反馈资产的投资收益、市场动态以及方案的执行进度。同时，关注客户的心理状态，对因市场波动而产生焦虑情绪的客户，给予安慰和指导。

（3）提供增值服务。除了基本的养老财富规划外，还可为客户提供一系列增值服务，具体如图 11-7 所示。

1 为客户提供健康管理服务，如定期体检、健康咨询等，关注客户的身体健康状况

2 为客户提供法律咨询服务，解答客户提出的法律问题，如遗嘱订立、财产继承等

3 为客户组织社交活动，如老年旅游、文化体验等，丰富客户的生活

图 11-7　增值服务项目

11.3.2　养老金融服务渠道融合

11.3.2.1　线下服务渠道优化

（1）网点布局与适老化改造。金融机构应根据老年群体的分布情况和出行习惯，合理布局线下服务网点。在老年人口密集的社区、医院、养老院周边增设服务网点，方便老年客户办理业务。同时，对服务网点进行适老化改造，如设置无障碍通道、防滑地面、舒适的休息区域；配备老花镜、放大镜、急救药品等便民用品；设置老年客户服务窗口，减少排队等待的时间。

（2）加强服务人员培训。加强对线下服务网点工作人员的培训，提高他们的养老金融业务水平和服务意识。同时，还应建立服务考核机制，对工作人员的服务质量进行定期评估和考核，激励工作人员不断提升服务水平。

（3）开展特色活动。在线下服务网点定期开展特色活动，如金融知识小课堂、投资沙龙、健康义诊等，具体如图 11-8 所示，增强客户与金融机构之间的黏性。

活动一	金融知识小课堂，邀请专业讲师为客户讲解最新的养老金融政策和产品信息
活动二	投资沙龙，为客户提供一个交流投资经验、分享投资心得的平台
活动三	健康义诊，邀请医疗专家为客户进行免费体检和健康咨询

图 11-8　特色活动内容

11.3.2.2　线上服务渠道拓展

（1）专属 APP 与平台建设。开发针对老年群体的养老金融服务 APP 或线上平台，涵盖养老财富规划、理财产品购买、账户查询、业务办理、在线咨询等功能。

比如，老年客户可以通过 APP 随时查看自己的养老金账户余额、投资收益情况，在线购买适合自己的养老理财产品，办理转账、交费等业务。

（2）智能客服与远程服务。引入智能客服系统，利用人工智能技术为老年客户提供 24 小时不间断的在线咨询服务。智能客服能够快速准确地回答客户的常见问题。对于复杂问题或智能客服无法解决的问题，应及时转接人工客服进行一对一的远程服务。通过视频通话、远程协助等方式，还可帮助老年客户解决操作难题，如 APP 下载注册、理财产品购买等。

（3）线上社区与互动交流。建立养老金融服务线上社区，设置话题讨论区、经验分享区、专家答疑区等板块。老年客户可以在社区中分享自己的养老生活、投资心得，参与话题讨论，与其他客户进行互动交流。同时，邀请养老金融专家定期在线上社区开展答疑活动，解答客户的疑问，为客户提供专业的建议和指导。

11.3.2.3　线上线下协同服务

（1）信息共享与业务联动。建立线上线下信息共享平台，确保客户在线上和线下能够同步获得业务信息、资产状况、服务记录等资料。

比如，客户在线下网点咨询了某款养老理财产品，工作人员会在系统中记录客户的咨询情况和意向。客户通过线上 APP 再次查看该产品信息或进行购买操作时，系统能够自动识别客户的历史咨询记录，为客户提供更加精准的服务。

线上线下信息共享还能实现线上线下业务的联动办理，客户如果在线上预约了线下网点的服务，线下网点能够提前做好准备，提高服务效率。

（2）服务无缝衔接。客户办理业务时，要确保线上线下服务能够无缝衔接。

比如，客户在线上APP办理理财产品申购时，系统提示需要到线下网点进行风险评估和身份验证。金融机构会通过短信、APP推送等方式告知客户线下网点的地址、营业时间和所需材料，并为客户预留专属服务通道。客户到达线下网点后，工作人员会快速获取客户线上业务的办理进度，直接为客户进行后续服务，避免客户重复办理。

（3）服务统一管控。制定统一的服务质量标准和考核机制，对线上线下服务进行统一管控。无论是线上客服还是线下工作人员，都要遵守相同的服务规范和流程，确保为客户提供一致的服务。同时，通过客户满意度调查，对服务质量进行监督和评估，及时发现和解决服务过程中存在的问题，不断提升养老金融服务的整体水平。

微视角

线上线下服务渠道的融合是提升养老金融服务可及性和便捷性的关键。根据老年群体对线下服务的依赖以及年轻群体对线上服务的偏好，金融机构应加速推进服务渠道融合，打造全场景服务生态。

11.3.3 养老金融风险防控与监管

11.3.3.1 养老金融产品风险防控

（1）严格产品准入与审核。金融机构在开发和推出养老金融产品时，要建立严格的产品准入和审核机制，对产品的设计理念、投资策略、风险收益特征、费用结构等进行全面评估，确保养老金融产品符合老年客户的风险承受能力。

比如，对于养老目标基金，要审查其投资范围是否合理、资产配置比例是否科学、风险控制措施是否完善；对于养老保险产品，要审核其保险责任、费率厘定、理赔流程等是否符合监管要求和客户利益。

（2）加强产品信息披露。金融机构在销售养老金融产品时，应充分、准确地向老年客户披露产品信息，包括产品的风险等级、投资标的、收益计算方式、费用扣除情况、退出机制等重要内容。可通过产品说明书、风险提示书、宣传资料等，以通俗易懂的语言向客户进行详细说明，确保客户在购买产品前能够充分了解产品的特点和风险。同时，在产品存续期间，定期向客户披露产品的投资运作、收益表现等信息，确保客户的知情权。

（3）建立风险预警机制。金融机构应建立完善的风险预警体系，对养老金融产品的市场风险、信用风险、流动性风险等进行实时监测和预警。可设定风险阈值，当风险指标超过阈值时，系统会及时发出预警信号，并通知相关人员采取适当的风险控制措施。

比如，当股票市场大幅下跌导致养老目标基金的净值波动较大时，及时调整资产配置比例，降低权益类资产的仓位；当某一债券发行人出现信用风险事件时，对相关债券进行评估和处置。

同时，还应制定风险处置预案，明确重大风险事件的应对流程和责任分工，确保能够及时、有效地化解风险，保护客户的合法权益。

11.3.3.2　养老金融服务风险防控

（1）规范业务流程与操作标准。金融机构要制定详细的业务流程和操作标准，明确各岗位的职责和工作要求，涵盖客户咨询、业务受理、产品推荐、合同签订及售后服务等环节。

比如，在销售养老理财产品时，销售人员必须进行双录（录音录像），确保销售过程的合规性和可追溯性；在办理账户开户、资金划转等业务时，要严格执行身份验证、授权审批等操作程序，防止操作失误和违规行为的发生。

（2）加强员工培训与职业道德教育。定期组织员工参加养老金融服务风险防控培训，提高员工的风险意识和业务操作技能。培训内容包括法律法规、监管政策、业务流程、风险案例分析等方面。同时，加强员工的职业道德教育，培养员工诚实守信、合规经营的职业操守，防止员工因利益诱惑而出现违规操作、欺诈客户等行为。将员工绩效考核与风险防控挂钩，对风险防控工作中表现优秀的员工给予奖励，对因违规操作导致风险事件的员工进行严肃处理。

（3）强化信息系统安全保障。随着养老金融服务的线上发展，信息系统的安全至关重要。金融机构应加大在信息技术方面的投入，建立完善的信息安全管理体系，做好信息安全保障，具体措施如图 11-9 所示。

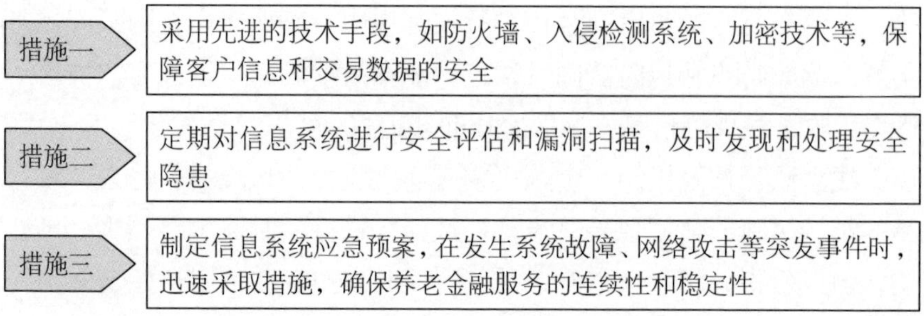

图 11-9　强化信息系统安全保障的措施

11.3.3.3　养老金融风险监管

（1）完善监管政策与法规体系。监管部门应根据养老金融行业的发展特点和市场需求，及时完善相关的监管政策和法规体系，明确养老金融业务的准入条件、经营范围、风险管理要求等，为养老金融市场的健康发展提供明确的法律指引。

比如，制定专门的养老金融产品管理办法，规范养老金融产品的设计、销售、投资运作等环节；出台养老金融服务质量标准，加强对金融机构服务行为的监管。

（2）加强各部门协同监管。养老金融业务涉及金融、保险、民政、卫生等多个领域，应加强各部门协同监管，建立跨部门协调机制，加强信息共享和沟通协作，形成监管合力。

比如，金融监管部门与保险监管部门共同对养老保险产品进行监管；民政部门与金融监管部门合作，规范养老社区建设与养老金融服务的融合发展；卫生部门与金融监管部门共同推动老年健康管理与养老金融服务的结合，确保养老金融服务在各个领域都合规运营。

（3）推动监管科技应用。积极引入科技手段，提高养老金融监管的效率和精度。利用大数据、人工智能、区块链等技术，对养老金融市场的交易数据、客户信息、产品信息等进行实时监测和分析。建立风险监测模型，及时发现市场中的异常交易行为和潜在风险点，实现精准管控。

比如，利用大数据分析技术对养老金融产品的销售数据进行挖掘，发现违规销售、误导销售等问题；利用区块链技术实现交易信息的不可篡改和可追溯，提高监管的透明度和公信力。

相关链接

《关于金融支持中国式养老事业服务银发经济高质量发展的指导意见》节选

为深入贯彻党的二十届三中全会和中央金融工作会议精神，做好养老金融大文章，2024 年 12 月，中国人民银行、金融监管总局、国家发展改革委、民政部、财政部、人力资源社会保障部、国家卫生健康委、中国证监会、国家医保局等九部门联合印发《关于金融支持中国式养老事业服务银发经济高质量发展的指导意见》。

一、总体要求和目标任务

以习近平新时代中国特色社会主义思想为指导，深入贯彻党的二十大和二十届二中、三中及中央金融工作会议精神，坚持以人民为中心的发展思想，牢牢把握健全体系、增进福祉的总要求，持续加大养老金融资源投入，精准推进中国式养老事业，服务银发经济高质量发展，有效助力积极应对人口老龄化国家战略实施。

——坚持分类施策。对于不同年龄阶段、不同老年人群，丰富创新针对性金融产品，提供精准高效的养老金融服务。

——坚持市场化、法治化。遵循风险可控、商业可持续原则，满足养老领域合理融资需求，促进实现长期稳健经营。

——坚持目标导向。构建多层次、多元化养老金融体系，不断提升服务能力和水平，促进中国特色金融和养老事业高质量发展的良性循环。

到2028年，养老金融体系基本建立，养老金融产品和业态逐步丰富，养老金融意识普遍形成，养老金融供给水平有效提升，人民福祉得到有效增进。到2035年，各类养老金融政策效果充分显现，养老金融产品和服务更加精准高效、养老资金投资管理更加成熟稳健，基本实现中国特色金融和养老事业高质量发展的良性循环。

二、精准匹配金融产品和服务，满足不同阶段、不同人群养老金融需求

（一）聚焦不同老龄群体提供多样化养老金融服务。对于可完全自理老年群体，加大康养、文化、旅游、体育、娱乐等方面的金融供给力度；对于半自理老年群体，加强金融产品研发与健康、养老照护等服务衔接，支持发展居家社区养老服务；对于失能失智老年群体，加大养老、康复、护理等机构金融支持力度。

（二）支持备老群体做好养老资金储备和财富规划。增强年轻群体备老意识，提供养老金融咨询和规划服务；针对中青年群体，研发吸引力强、兼具稳健性和收益性的养老金融产品；加强特定养老储蓄、商业保险年金、养老理财、养老目标基金等多元化金融产品创新，满足不同风险偏好人群的个性化养老需求。

（三）针对农村养老需求加大金融资源倾斜力度。围绕广大农村人群创新设计简单、流程便捷、费用实惠的养老金融产品；提供基础金融便捷服务；支持农村特色养老产业发展。

三、加大养老金融供给力度，拓宽银发经济融资渠道

（四）完善金融支持银发经济的服务体系和管理机制。鼓励银行业金融机构建立养老金融事业部、特色分（支）行；制定专项养老信贷政策，优化内部激励约束机制。

（五）扩大银发经济经营主体和产业集群发展的信贷投放。加大对老年用品和服务供给、养老基础设施建设等信贷支持；为银发经济产业园区企业提供融资融智服务；支持有条件的地区试点培育银发经济龙头企业；支持民营企业深度参与银发经济；探索银发经济全产业链融资支持模式；创新养老服务领域信贷产品抵质押方式。

（六）加大银发经济直接融资支持力度。鼓励和支持各类银发经济企业上市或挂牌融资、再融资和并购重组、发行公司信用类债券、资产证券化。

（七）拓展多元化资金来源渠道。研究创设养老专项金融债券、养老主题金融债券；鼓励各类资金科学配置银发经济领域相关股权、股票等多种形式资产；鼓励金融机构加大对银发经济融资支持与综合化服务力度；支持保险公司参与养老社区和养老服务机构建设；引导社会资本投资养老相关产业。

四、健全金融保障体系，促进养老财富储备和保值增值

（八）大力发展养老保险一、二、三支柱。完善基本养老保险基金投资政策；推动企业年金提质扩面；在全国全面实施个人养老金制度。

（九）进一步推进商业保险年金产品创新。支持保险公司创新推出具有投保便捷、期限合理、保障适度、安全稳健等特点的产品；鼓励保险机构探索提供“医、护、康、养、居”一体化的养老金融综合解决方案；积极发展商业健康保险，按规定探索推进医疗保障信息平台与商业健康保险信息平台信息共享；鼓励各地积极引入保险机制，为老年人交纳预收费提供风险保障。

（十）加强养老金融产品设计和投资管理。在产品设计方面，创新探索现金流稳定、支取灵活的养老金融产品；推进商业养老金融业务试点；建立完善养老金融产品交易机制；鼓励信托公司开展财富管理服务信托业务。在投资管理方面，探索设立养老资管专职部门；优化养老金融产品投资结构，降低养老资金配置风险；鼓励各类养老金管理机构建立健全 3 年以上长周期考核机制。

五、夯实金融服务基础，提升老年人便利度和安全感

（十一）提升金融服务适老化水平。科学合理布局网点；加强物理网点适老化改造；打造适老版手机银行 APP；推进移动支付工具适老化改造。

（十二）加强老年人金融知识宣传教育和消费权益保护。加大老年人基础金融知识和防诈骗知识宣传；规范金融营销宣传行为；常态化开展拒收现金综合整治。

（十三）加大对涉老非法金融活动的防范打击力度。加强防范网络欺诈监控机制建设；规范养老相关金融创新；依法打击以养老服务为名的非法集资活动。

六、完善制度保障，构建养老金融发展长效机制

（十四）强化组织领导。中国人民银行、金融监管总局联合牵头建立养老金融工作落实机制；中国人民银行各省级分行、各金融监管局会同相关部门加强省级工作联系对接；各金融机构成立养老金融服务工作小组。

（十五）强化政策支持。强化货币政策工具支持引导；健全商业养老保险监管制度体系；鼓励建立完善融资配套政策；落实好养老金融税收优惠政策。

（十六）强化统计监测和效果评估。建立养老金融相关领域统计制度；鼓励各地探索开展养老金融政策效果评估并加强结果运用。